春秋卷

群星闪耀

石岗 著

COLLECTION OF STORIES OF CELEBRITIES IN CHINESE HISTORY

团结出版社

前　言

孩子们，你们翻开的是《群星闪耀——中国历史名人故事集》的第二册，写的是我们中国历史上春秋时代的名人故事。春秋时代开始的时候离现在有二千七百多年了。

前面，我们讲了周武王、周公姬旦和姜子牙讨伐商纣王的故事，是他们领导周国的军队，推翻了商朝，建立了周朝。周朝一共经历了将近800年历史，最后，被秦始皇建立的秦朝取代。

周朝分为西周和东周两个阶段。

周武王姬发建立周朝，最早的都城在镐（hào）京，镐京在今天陕西省西安市一带。后来，周武王的儿子周成王姬诵时代，周公姬旦又主持修建了东都雒（luò）邑，在今天河南省洛阳市一带。

周朝第十二代国王周幽王姬宫湦（shēng）时期，出现了严重的自然灾害，都城镐京发生了大地震，而且四处旱灾不断，庄稼颗粒无收，许多百姓都被地震和瘟疫夺去了生命，也有许多人被活活饿死。但是，周幽王姬宫湦不想着救济百姓，灾后重建国家，却带着军队，到处打仗，进攻别的国家，抢夺财宝和美女。

有一次，姬宫湦带兵去攻打处于秦巴山地里的褒国，褒国被打败了，就献上珍宝和美女，其中一个姓姒的美女长得非常美丽，周幽王姬宫湦非常喜欢。因为这个姓姒的美女来自褒国，所以，历史上都把她称为"褒姒"。褒姒跟随姬宫湦来到镐京，第二年生下一个儿子，叫做姬伯服。

据传说，褒姒天生是一个冷美人，不喜欢说话，不爱笑，整天脸拉得老长，周幽王姬宫湦就非常希望看见褒姒开心地笑笑，他想了许多办法，逗褒姒笑，可是，褒姒就是整天阴沉着脸，愁眉不展的样子。

有一次，周幽王姬宫湦在镐京城外的骊山上点燃烽火台上的烽火，集合军队。烽火台上点燃烽火，是在敌人入侵的时候,把它点燃,烽火台会冒出浓烟,其他地方烽火台上驻守的士兵,看见骊山烽火台浓烟升起,就都会点燃自己驻守的烽火台上的烽火,就这样,烽火不断传递,远处的诸侯国看见烽火,就会带军队来保卫国都和周王。这一次,周幽王姬宫涅在骊山点燃烽火,他发现,褒姒看见各国军队纷纷向骊山下集中,人来车往,褒姒非常高兴,竟然笑起来了。这件事过后,只要周幽王希望看到褒姒的笑容,他就命令士兵点燃烽火,各地的军队就会纷纷赶来。开始,各诸侯国的军队还很认真,看见烽火就会迅速赶来,后来,各诸侯国国君发现,他们带着军队赶来,却并没有敌人入侵,周幽王姬宫涅只是

褒姒,
选自(清)马骀绘《美人百态画谱》

为了让褒姒发笑，大家就很失望。再后来，周幽王再点燃烽火，各诸侯国的军队就都不来了。这件事在历史上称为"烽火戏诸侯"。

周幽王姬宫涅无法再讨好褒姒，博取美人一笑，他就又想了一个主意，他想废掉原来的王后申氏和太子姬宜臼（jiù），改立褒姒为王后，立褒姒的儿子姬伯服为太子。

王后申氏是申国国君申侯的妹妹，所以王后申氏就和太子姬宜臼逃到申国去了，申侯听说妹妹的王后之位要被废掉，非常愤怒。这时候，周幽王得知申侯对自己不满，而且私自收留王后和太子，他就想出兵攻打申国，申侯赶忙联合鄫（zēng）国和西方的犬戎，一起迎战周幽王的军队，他们打败了周幽王的军队。犬戎军队乘胜进攻周朝国都镐京。周幽王急忙命令点燃骊山烽火。但是，各诸侯国以为周幽王还是为了博取褒姒一笑，所以，就都没有来。犬戎军队冲进镐京，杀死了周幽王，抢走褒姒和所有财宝，并且烧毁了镐京城里的宫殿。

申侯和曾侯拥立姬宜臼为周王，历史上称为"周平王"。因为镐京城被犬戎烧毁，而且犬戎军队还住在镐京附近,周平王姬宜臼就把国都从西京镐京迁到了东都雒邑。

历史上把周朝都城在镐京的时期,称为"西周",把都城在雒邑的时期,称为"东周"。

东周又分为春秋和战国两个时代。

周朝建立的时候,把周王的王族、有功的大臣以及先代的贵族分封到各地做诸侯,建立诸侯国,目的是管理和控制各地,保卫周王。他们先后分封的有鲁、齐、燕、卫、宋、晋、虢(guó)等七十多个诸侯国。

各个诸侯国的大小和等级又有区别,周朝诸侯国分为五等,最高的叫做公,其次是侯、伯、子和男。这就叫"五等爵位"。

由于周平王姬宜臼联合犬戎进攻国都,而且还杀害了自己的父亲周幽王姬宫涅,各个诸侯国的国君都对周平王大为不满,所以,周朝国都迁到雒邑之后,就有许多国家不再听从周王的命令,国家开始出现混乱。从前是周王统帅和号令诸侯军队,到了春秋时代,各个诸侯国都开始自己率领军队,不再听从周王的命令;各诸侯国内部,也出现了大臣谋反的现象，诸侯国君被大臣架空，或者被杀；周王分封的土地也被各国或者大臣抢夺，一切秩序都被破坏了。王室、诸侯、大臣之间为了争夺土地和权力，不断混战，天下从此大乱。这就叫做"礼崩乐坏"。

许多诸侯国的力量增强了，就有许多比较大的国家，开始称霸。春秋时代，先后有齐桓公、宋襄公、晋文公、秦穆公、楚庄王称霸，历史上称为"春秋五霸"，也有人说"春秋五霸"指的是齐桓公、晋文公、楚庄王、吴王阖（hé）闾（lǘ）和越王勾践。

这个时代，也是我们国家文化大发展的时代，出现了伟大的思想家老子和孔子，也出现了杰出的政治家伍子胥、管仲和晏婴，还出现了杰出的军事家孙子。

这一册书，将给你们讲述"春秋五霸"和老子、孔子、伍子胥、晏（yàn）婴的故事。因为管仲的故事和齐桓公的故事有很多重复，我们舍弃了。

石 岗

2016年1月于西安含光书屋

目 录

齐桓公与管仲

一、齐国动乱	1
二、一箭之仇	3
三、管鲍之交	5
四、管仲拜相	9
五、称霸中原	11
六、北据戎狄	13
七、南下伐楚	18
八、天子封赏	21

九、悲惨去世 　　　　　　23

十、春秋首霸 　　　　　　26

宋襄公宋兹甫

一、三恪之一 　　　　　　27

二、让贤出名 　　　　　　28

三、筑台望母 　　　　　　29

四、平定齐乱 　　　　　　31

五、试图称霸 　　　　　　32

六、宋襄之仁 　　　　　　33

七、襄公之死 　　　　　　35

晋文公姬重耳

一、祸起萧墙 　　　　　　36

二、翟国避难 　　　　　　41

二、逃亡之路 　　　　　　45

三、复国之路 　　　　　　48

四、重耳复国 　　　　　　52

五、治理晋国 　　　　　　54

六、称霸诸侯 　　　　　　58

七、一代英雄 　　　　　　63

秦穆公赢任好

    一、西部崛起　　65

    二、求贤若渴　　66

    三、伯乐相马　　68

    四、穆公亡马　　71

    五、称霸西戎　　72

    六、征战中原　　73

    七、穆公之死　　76

楚庄王熊侣

    一、筚路蓝缕　　77

    二、一鸣惊人　　79

    三、问鼎中原　　83

    四、饮马黄河　　86

    五、称霸中原　　90

    六、人亡霸灭　　91

吴王阖闾

    一、吴国来历　　92

    二、姬光夺权　　93

    三、螳螂捕蝉，黄雀在后　　95

四、吴楚争霸　　　　　　　98

　　五、槜李之战　　　　　　　99

越王勾践

　　一、越国建立　　　　　　　101

　　二、吴越战争　　　　　　　102

　　三、槜李之战　　　　　　　103

　　四、夫椒之战　　　　　　　103

　　五、卧薪尝胆　　　　　　　108

　　六、兔死狗烹，鸟尽弓藏　　112

伍子胥

　　一、飞来横祸　　　　　　　114

　　二、风吹草动　　　　　　　116

　　三、帮助阖闾　　　　　　　118

　　四、倒行逆施　　　　　　　119

　　五、含恨死去　　　　　　　121

老子

　　一、出生之谜　　　　　　　123

　　二、天生英才　　　　　　　125

　　三、孔子求教　　　　　　　130

四、函谷著书　　136
　　五、千古圣人　　140

孔子

　　一、伟人出世　　141
　　二、幼年学礼　　145
　　三、孝顺母亲　　148
　　四、学习音乐　　150
　　五、问礼老子　　152
　　六、收徒办学　　154
　　七、当官从政　　156
　　八、周游列国　　161
　　九、文化伟人　　163

晏子

　　一、天生奇才　　166
　　二、坚持原则　　167
　　三、勤俭质朴　　169
　　四、爱护人民　　173
　　五、晏子使楚　　175
　　六、二桃杀三士　　178

七、华而不实　　　　　　181

八、挂牛头卖马肉　　　　182

九、名留青史　　　　　　183

齐桓公与管仲

一、齐国动乱

齐桓公是齐国第十六代国君。姓姜,吕氏,名叫小白。桓公是他死后的谥号,含有"威武雄壮"的意思。

齐国,是周朝建立时候的大功臣姜子牙吕尚的封地,被周王封为侯爵。齐国大部分在今天山东、河北省境内。

齐桓公吕小白是齐国第十四代国君齐襄公吕诸儿的弟弟。齐襄公吕诸儿当国君的时期,齐国发生了动乱。

齐襄公是一个任意妄为、品德败坏的人,他和自己同父异母的妹妹文姜乱伦私通,后来,文姜嫁给鲁桓公姬允。

小朋友们注意了,这里说的"文姜"并不是一个人名,在秦朝之前,男人称氏不称姓,女人称姓不称氏,"文姜"姓姜,"文"是她死后的谥号,意思是说她很有才华,至于她的名,却没有流传下来。

有一次,鲁桓公姬允带文姜来齐国访问,吕诸儿竟

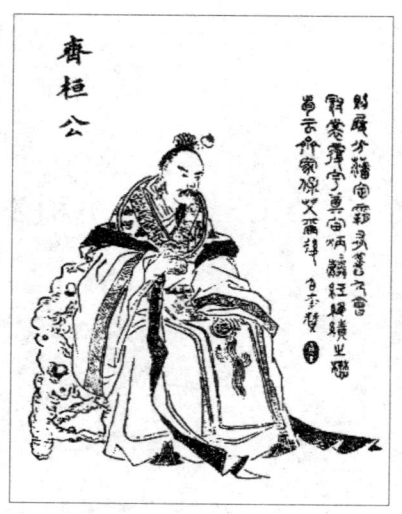

齐桓公,选自《东周列国志》

然派人把姬允灌醉,然后把他勒死。再后来,吕诸儿还杀害郑国国君姬亹(wěi)。齐襄公做事残忍,变化无常,他的几个弟弟都害怕遭到杀害,于是,他的大弟弟吕纠带着自己的老师管仲和召(shào)忽跑到了鲁国,小弟弟吕小白在老师鲍叔牙保护下逃到莒(jǔ)国。

有一个成语叫做"及瓜而代",是说有一年,齐襄公吕诸儿派大臣连称和管至父带兵到葵丘这个地方驻守,连称和管至父出发的时候,齐襄公说:"你们今天带兵去葵

丘,明年等瓜熟的时候,我就派人去接替你们。"可是,等第二年瓜熟的时候,仍不见有人来接替,连称和管至父就派人去见齐襄公,要求回国。齐襄公却不同意他们回来,于是,连称和管至父就觉得吕诸儿言而无信,他们就联合吕诸儿的堂兄吕无知发动叛乱。吕无知带兵冲进宫室,把躲在床下的吕诸儿杀死,然后,吕无知登上齐国国君之位。但是,好景不长,第二年,齐国大臣雍(yōng)廪(lǐn)又带人杀死了吕无知。

二、一箭之仇

齐国没有了国君,逃到外地的吕纠和吕小白都想回国继承国君之位。

吕小白在齐国的时候,与齐国上卿高傒(xī)关系很好,当雍廪杀死吕无知之后,齐国大臣们商议拥立新的国君,高傒就暗中派人给吕小白送信,让吕小白尽快回国继承国君之位。但是,鲁国国君鲁庄公姬同想让吕小白的哥哥吕纠继位,鲁国就派管仲带领军队,埋伏在半道,想杀死吕小白。

当吕小白和鲍叔牙的车队经过的时候,管仲带军队拦住吕小白的去路。

管仲说:"我劝公子不要回到齐国去争夺君位。"

吕小白问:"为什么?"

管仲说:"论年龄,你比我家公子吕纠小,按照礼制,应该由年长的来继承。论实力,我家公子有鲁桓公支持,而你却没有人相助。"

吕小白说:"天下是有品德的人的天下,我比吕纠品德高尚,就应该做国君。"

管仲见说服不了吕小白,就悄悄拿起弓箭,对着吕小白突然射出一箭,正射中吕小白的衣带钩,吕小白马上倒在车上假装死去。鲍叔牙就指挥车队向小路逃去。

管仲以为吕小白被射死了,就没有追赶,他派人去鲁国送信。鲁国护送吕纠的官员听说吕小白已经死了,就放慢了前进的速度,六天后才到达齐国边境。

吕小白和鲍叔牙的车队绕道星夜兼程到达齐国国都临淄,高傒和大臣们马上立吕小白为国君,就是齐桓公。

管仲箭射小白，汉画像石

这时候，鲁国护送吕纠的军队才刚刚到达齐国边境，高傒和鲍叔牙指挥大军，打败了鲁国军队，并且包围了鲁国几万士兵，逼着鲁庄公姬同向齐国妥协，最后，齐鲁两国经过谈判，鲁国答应处死吕纠，交出管仲，齐国才释放了鲁国被围困的军队。

三、管鲍之交

吕小白见鲁国用囚车把管仲押送回齐国，非常高兴，他一心要杀了管仲，报一箭之仇。但是，跟随他的大臣鲍叔牙却阻止住他。

管仲，姓姬，管氏，名叫夷吾，字仲。他是周穆王的后代。管仲的父亲管庄是齐国的大夫，后来家道中落，到管仲时已经很贫困。

管仲年轻时和鲍叔牙是好朋友，他们曾经一起合伙做生意。管仲家里穷，出的本钱没有鲍叔牙多，可是到分红的时候，他却要多分。鲍叔牙手下的人都很不高兴，骂管仲贪婪。鲍叔牙却解释说："管仲哪里是贪这几个钱呢？他家里生活困难，是我自愿让他的。"

鲍叔牙

有好几次，管仲帮鲍叔牙出主意办事，事情都办不成，鲍叔牙也不生气，还安慰管仲，说："事情办不成，不是因为你的主意不好，而是因为时机不好，你别介意。"

管仲曾经做了三次官，但是每次都被撤职，鲍叔牙认为不是管仲没有才能，而是因为管仲没有碰到赏识他的人。

管仲曾经带兵打仗，进攻的时候他躲在后面，撤退的时候他却跑在最前面。手下的士兵全都瞧不起他,不愿再跟他去打仗。鲍叔牙却说:"管仲家里有老母亲,他保护自己是为了孝敬母亲,并不是真的怕死。"

鲍叔牙替管仲辩护,极力掩盖管仲的缺点,完全是为了爱惜管仲这个人才。管仲听到这些话,非常感动,叹口气说:"生我的是父母,了解我的是鲍叔牙啊!"管仲和鲍叔牙就这样结成了生死之交。

这一次,当齐国军队包围了鲁国军队,鲍叔牙害怕管仲被杀,就故意给鲁国国君写信说:"管仲是齐国国君的死敌,齐国国君必须亲手杀死他。"鲁国只好将管仲送回齐国。

吕小白念念不忘管仲射他的"一箭之仇",总想杀管仲,鲍叔牙说:"恭喜国君得到管仲这样的天下奇才。"吕小白气得咬牙切齿说:"我恨不得割下管仲的肉下酒吃,剥下管仲的皮当席子睡,怎么可能饶恕他呢?"鲍叔牙说:"管仲当时跟随吕纠,他用弓箭射你,是他忠于自己的主人,说明他忠诚。你如果重用了管仲,他会对你加倍忠心,可以替你射得天下,他用箭射你这件事又算得什么?"

吕小白想通了,说:"好吧,我暂且听你的话,先不杀他"。

吕小白要拜鲍叔牙做宰相,鲍叔牙诚恳地说:"您如果只想管理好齐国,有高傒和我就够了。如果想建立雄霸天下的大业,那非用管仲不可!"

吕小白问:"为什么一定要用管仲做宰相呢?"

鲍叔牙说:"我和管仲相比,有五点不如他。管仲对人厚道仁慈,能安抚人民,我不如他;治理国家,管仲能抓住根本,我不如他;管仲的诚信可以让诸侯各国信服,我不如他;管仲能给国家制定规范的政策和礼仪,我不如他;管仲能指挥训练士兵,使将士勇气倍增,我更不如他。管仲有了这五个强项,所以要是他当宰相的话,一定可以使齐国很快强盛起来。"

吕小白说:"那我得先试探一下他的学问再说。"

鲍叔牙摇摇头说:"不平常的人,必须以不平常的礼节对待才行,天下的人知道您爱惜人才,不计较私人怨恨,会有更多的人来齐国投奔您!"

齐桓公大喜,亲自迎接管仲,一同乘车进城。

四、管仲拜相

吕小白与管仲谈了三天三夜。

吕小白问管仲:"当君王的人,应该把什么当作最重要的?"

管仲回答说:"应该把天当作最重要的。"

吕小白仰起头望着天。

管仲说:"我所说的天,不是头顶上广阔无边的天空。国君要把人民当作天。对于一个国家来说,人民亲近你,国家才能安宁;人民帮助你,国家才能强盛;人民反对你,国家就很危险;人民抛弃你,国家就要灭亡。《诗经》中说'国君如果不好,一个地方的人民都会怨

管仲,选自《历代名臣像解》

恨他。'人民怨恨他们的国君，而国家最后不灭亡，这是从来都没有过的事情。"

吕小白又问管仲："我想使国家富强安定，要从什么地方做起呢？"

管仲回答说："必须安定民心。"

吕小白接着问："怎样才能安定民心呢？"。

管仲回答说："要得民心，应当先从爱惜人民做起，国君能够爱惜人民，人民就自然愿意为国家出力。爱惜人民就得先使人民富裕，人民富裕，国家才能得到治理。人们常说安定的国家富裕，混乱的国家贫穷，就是这个道理。"

吕小白又问："人民已经富裕安乐，军队士兵不足又该怎么办呢？"

管仲说："士兵要少而善于打仗，不在于人数多，军队的战斗力要强，士气必须旺盛。士气旺盛，这样的军队还怕训练不好吗？"

吕小白又问："士兵训练好了，如果资金不足，又怎么办呢？"

管仲回答说:"要发展经济,开发山林、开发盐业、炼铁业,发展渔业,增加财源。发展商业,互相交易,换取天下物产,从中收税。这样财力自然就增多了,军队的开支不就可以解决吗?"

吕小白听了管仲的话,非常高兴,就问管仲:"军队强大、人民富裕、国家富有,就可以当天下的霸主了吗?"

管仲严肃地回答说:"不要急,还不行。争霸天下是件大事,不可轻举妄动。当前迫切的任务是让人民富裕,让国家富强,社会安定,不然很难实现称霸的目的。"

吕小白听了,觉得管仲说得很有道理,就拜管仲为相国,并且尊称为"仲父",就是"管仲爸爸"的意思。

五、称霸中原

吕小白在管仲、鲍叔牙和高傒等人协助下,采取措施,安定齐国,齐国很快结束了动乱。

管仲当了宰相之后,认真治国,根据当时的形势,对齐国进行了一系列改革。过了几年,齐国国家富裕,人民安定、兵强马壮。

一天,吕小白问管仲:"现在齐国强大了,是不是可以当诸侯的霸主了?"

管仲说:"还不行,今天诸侯各国,比齐国强大的还有许多,南面有楚国,西面有秦国和晋国。但是这些国家都认为自己强大,不知道尊重周王,所以都不能称霸。周王虽然已经力量衰弱,但是仍是天下尊重的共同主人。现在各个诸侯不去朝拜周王,不知道周王是天子。您如果以'尊王攘(rǎng)夷'号召天下,诸侯国必然听从你的号令。"

管仲说的"尊王攘夷",就是尊重周朝王室,承认周天子是各个诸侯国的领袖,联合各诸侯国,共同抵御戎、狄这些游牧民族对中原的侵扰。

此后,吕小白先后出兵征服宋国和鲁国,消灭了谭国和遂国,还调解郑国内乱,又以自己名义召集诸侯大国的国君,在宋国的幽(yōu)这个地方会盟。周王姬阆(làng)也派代表召伯参加。几乎全部中原国家都参加了这次会盟。在这次盟会上,周天子的代表召伯又以天子的名义,向吕小白授予侯伯的头衔。从此吕小白便成了名副其实的霸主。

六、北据戎狄

齐桓公吕小白成了中原诸侯国的霸主,他的威望很高。这时候,居住在北方的山戎也发展强大起来。

在周朝的时候,周朝管理范围内的以农业为主的国家,都称为"华夏",古书上说:"中国有礼仪之大,故称夏;有服章之美,谓之华。"意思是说,在中原居住的民族,因为懂得礼仪文明,所以叫做夏,因为有华美的服饰,所以叫做华。而居住在草原和山地里的以打猎为主的民族,称为夷、蛮、戎、狄,住在东方的叫做夷,南方的叫做蛮,北方的叫做戎,西方的叫做狄。当时,中原华夏族农业发达,人民都懂得种田织布,有礼仪文明,而其他民族,穿兽皮,吃生肉,披头散发,身上刻着纹身,也没有房子住,都住在洞穴里。

齐桓公吕小白时期,北方一个游牧部落,叫做山戎。

齐桓公与管仲，汉画像砖

山戎当时已经非常强大，他们的军队有好几万人。山戎不断南下，进攻华夏各国。有一年山戎进攻燕国，燕国是周朝开国功臣周武王的弟弟召（shào）公姬奭（shì）的封地，当时的国君是燕庄公。燕庄公带兵迎战山戎，但是，被山戎打败了，就向齐桓公求救。

齐桓公于是和管仲一起，带领齐国军队，一路北上，去迎战山戎大军。

山戎首领得知齐国军队到达，下令士兵，抢劫大批财物，往北撤退。齐国军队与燕国军队联合起来，往北追击山戎军队，一直追出蓟（jì）门关外，几次与山戎交战，都把山戎打得落荒而逃。

山戎首领带着残兵败将逃入孤竹国。孤竹国是商朝册封的诸侯国，一直在北方发展，而且和山戎结成同盟，一起侵扰华夏。齐桓公和管仲带兵围住孤竹国，孤竹国国君非常狡猾，他假装投降，并说山戎首领已经逃进北方的沙漠。齐桓公和管仲想一举消灭山戎，让孤竹国投降的士兵带路，一路向沙漠追去。

投降的孤竹国士兵，将齐国和燕国联军带到沙漠里，然后，悄悄逃走了。这时候，沙漠上刮起狂风，地上飞沙走石，非常寒冷，齐军一片混乱，四处逃散。管仲让士兵敲起锣鼓，齐国士兵听到锣鼓声，都集合在一起。大家在沙漠里等到天亮，但是，四处一望，沙漠茫茫一片，找不到回家的路了。

管仲赶忙向齐桓公建议："我听说老马可以认识路，咱们的马有许多是从沙漠北边来的，说不定认识回去的路。我们叫人挑选几匹老马，放开它的缰绳，让它自己往回走，我们跟随在后面，说不定能找见回去的路。"

齐桓公赶快让人放了几匹老马，军队紧紧跟在后面，果然，这几匹老马带着齐军走出了沙漠。这个故事就叫做"老马识途"。

孤竹国国君以为齐国和燕国大军被诱入沙漠，就没法再回来了，他们就带兵攻进齐国的无棣城。

齐桓公和管仲商议，命令士兵假扮成老百姓，混入无棣城中，半夜举起火把，打开城门。

当天夜里，无棣城中四处火起，混进城的齐军士兵砍开城门，放齐国军队入城。孤竹国国君见势不妙，率众夺路而逃，直奔北门。谁知刚刚冲出北门，突然路旁伏兵四起，截住了孤竹国国君。两军厮杀，孤竹国国君被杀死。

齐桓公一举打败山戎，并且消灭了山戎的盟国令支国和孤竹国，得到土地五百多里，全部交给燕国管理，从此天下诸侯没有不佩服齐桓公的。

过了一段时间，西北方的狄人也进攻中原，先攻邢国，又攻卫国，卫懿公被杀，卫国灭亡。管仲对齐桓公说："戎狄十分残暴，贪得无厌。中原华夏各国都是亲戚，应该互相关心，一国有难，大家都应相助，不能袖手旁观。"

于是，齐桓公派兵救邢国和卫国，这时候，宋国也出兵援助卫国。狄人把大批卫国人民追赶到黄河岸边，宋国出兵，赶走狄人，救出卫国人民七百三十多人，齐国救出四千多人，大家就在曹邑这个地方立卫申为国君，历史上称为卫戴公。

卫国刚刚恢复，处境十分困难。齐桓公派自己的儿子吕无亏带着五百乘（shèng）车马和三千名甲士来武装卫国，保卫曹邑，又帮助他们修建宫殿，给卫戴公送来马匹，给卫戴公夫人带来车和衣服，还把许多牛、羊、猪、狗、鸡送来。

不久，狄人又进攻邢国。齐桓公和管仲立即联合宋国和曹国救援邢国。当齐国、宋国、曹国军队到达的时候，邢国人民好像见到亲人一样高兴。狄人被打退了。

邢国和卫国遭遇狄人的进攻后，在齐桓公、管仲的主持下，国家得以恢复。当时的人们都赞赏说："邢国人迁进新都城，好像回到了老家；恢复后的卫国，人们心情高兴，也忘记了战争带来的悲痛。"

七、南下伐楚

楚国是周朝创建时的功臣、周文王姬昌的老师鬻（yù）熊后代的封地，因为楚国地处南面山区里的蛮荒之地，一直不被中原各国认可。在南方，楚国始终认为自己是华夏民族。但是，中原各诸侯国一直认为楚国是南蛮之国。由于楚国得不到周王室和各诸侯国的认可，楚国于是和周王室断绝关系，不向周王进贡，而且不断向北进攻。周昭王姬瑕（xiá）还曾亲自带领军队讨伐楚国，但是，在回来的路上，遭到埋伏，淹死在汉江里。齐桓公时代，楚国又开始进攻郑国。

这里有一个小插曲，齐桓公先娶了几个夫人，都没有生下孩子就死了，他又娶了蔡穆侯姬肸（xī）的妹妹为夫人，历史书上称为蔡姬。蔡姬嫁给齐桓公的时候，年龄很小，性格很活泼，齐桓公十分喜欢。有一次，齐桓公带蔡姬去划船，船划到湖心，蔡姬玩高兴了，就恶作剧，用手搬着船摇，小船顿时就被摇得晃晃荡荡。齐桓公年龄大了，站立不稳，他害怕翻船，就大声呵斥蔡姬，下船后，齐桓公依然对这件事情非常不满，就让人送蔡姬回自己的娘家反省（xǐng）。没想到，蔡穆侯见自己的妹妹被送回来，以为齐桓公要断绝关系，也很生气，他就把蔡姬改嫁给齐国的死敌楚成王熊恽（yùn）。

过了不久，齐桓公准备派人去迎回蔡姬，不成想蔡姬已经嫁给了楚国。齐桓公非常生气，决心报复蔡国。恰巧这时郑国受到楚国的侵略向齐国求援，齐桓公与管仲召集鲁、宋、陈、卫、郑、许、曹等八国组成联军，一举消灭了蔡国。接着大军南下，到达楚国边境。

楚国国君楚成王熊恽见齐桓公带八国军队来攻，非常紧张，匆忙带领军队前来迎战，并首先派大夫屈完前去谈判。

屈完见到齐桓公就问："你们住在北海，我们住在南海，相隔千里，真是'风马牛不相及'，任何事情都没有关系。这次你们到我们这里来，不知是为了什么？"成语"风马牛不相及"就是这样来的，意思是说，我们两个国家距离很远，哪怕是我们两国走失的牛马也不会碰到一起。以后用来比喻互相没有关系的事情。

管仲在齐桓公身旁，听了之后就替齐桓公回答说："从前周王对我们齐国的祖先太公姜子牙说，如果哪个国家不遵守周王规定的法律，我们就可以讨伐他。你们不尊重周王，不给周王进贡，还攻占别的国家。周昭王为了讨伐你们，死在汉江边上。这些都是你们的错，我们今天带领军队来到这里，就是为了讨伐你们。"

屈完回答说："多年没有进贡，确实是我们的过错。但是，周昭王是死在汉江边上，你们可以到汉江边去了解情况，这不是我们的错。"

齐桓公见屈完的态度不软不硬，就命令大军驻扎下来，准备进攻楚国。

双方军队对峙半年，从春季一直到夏季。

齐桓公为了炫耀兵力，就请屈完来到军中与他同车检阅军队。齐国军队阵容整齐，齐桓公指着军队对屈完说："指挥这样的军队去打仗，什么样的敌人能抵抗得了？指挥这样的军队去进攻城寨，有什么样的城寨攻不下呢？"

屈完很冷静地回答："国君，你若用高尚的品德来安抚天下诸侯,谁敢不服从呢?如果只凭武力,那么我们楚国可以把方成山当城墙,把汉江当护城河,城墙这么高,护城河这么深,你的兵再多,恐怕也不起作用吧?"

齐桓公听了也只能点头。

此后,楚国又派屈完和齐桓公、管仲谈判。齐桓公和管仲早就不想打仗,只是想通过这次军事行动来显示霸主的威风,吓唬楚国罢了。所以他们很快就同意与屈完达成协议,齐国与楚国结盟,并将军队撤回了。

楚国的大夫屈完是一个杰出的外交家,他面对强大的敌人,不卑不亢,用自己的智慧和谈判技巧,阻挡了八国联军对楚国的进攻,是值得我们学习的。

八、天子封赏

周惠王姬阆(làng)去世了,齐桓公吕小白召集诸侯,拥立太子姬郑为天子,这就是周襄王。

周襄王姬郑即位后,为了表彰齐桓公,给齐桓公赏赐许多东西。齐桓公召集各地诸侯在蔡丘举行受赐典礼。

受赐典礼上,周襄王姬郑的使臣姬忌父宣读周襄王的命令,说:"齐桓公品德高尚,威望很高,因为他年龄老了,在接受周王礼物的时候,不必下拜。"

管仲对齐桓公说:"周王虽然谦让,但是,做臣子的却不可不敬。"

齐桓公于是答道:"天威不违颜咫尺,小白敢贪王命,而废臣职乎?"这里有个成语"咫尺天颜",它的意思是说,天子的威严不能违背,不管天子在哪里,他的容颜就像在面前一样。齐桓公的话是说:"天子的容颜就在我面前,我吕小白不敢违抗天子的命令,不敢不遵守做臣子的职责。"

说罢,齐桓公快步走下台阶,磕头礼拜,然后登上高堂领赏。各个诸侯国君见了,都赞叹齐桓公有礼有节。齐桓公又与各诸侯国重新订立了新盟约。这就是历史上有名的"蔡丘之盟"。

齐桓公在管仲的辅佐下,经过苦心经营,使齐国强大,先后称霸三十多年,史称"九合诸侯,一匡天下"。就是多次会合诸侯,匡正天下。

九、悲惨去世

齐桓公老了的时候,非常喜欢他手下的三个大臣易牙、开方和竖刁。

易牙是一个厨子,专门负责给齐桓公做早餐和晚餐,他做的饭菜味道很美。有一次,齐桓公吃完他做的汤,随意地说:"除了人肉,我已经吃遍天下的美味了。"没想到,易牙回家竟然把自己四岁的儿子杀了,给齐桓公做了一盆肉汤。当齐桓公知道这件事后,心里很不舒服,但是却认为易牙爱他胜过爱儿子,此后,齐桓公更加宠信易牙。

开方是卫国的太子,齐桓公有一次讨伐卫国,卫懿公卫赤被打败了,就派他的儿子卫开方拉着五车金银珠宝,来到齐国求和,卫开方见齐国强盛,就不想回去,愿意在齐国做官,此后十五年不回去,即使父母死了也不回去,齐桓公认为开方对自己的孝敬超过对父母。

竖刁是中国第一个太监,他为了表示对齐桓公忠心,就把自己阉割了,在后宫给齐桓公的夫人们服务。齐桓公认为竖刁爱他胜过爱自己,也因此很宠信竖刁。

有一年管仲得了重病,齐桓公问管仲:"群臣中谁可以代替你做宰相?"

管仲说:"没有谁比您更了解您的手下人了。"

齐桓公问:"易牙可以吗?"

管仲回答:"杀掉自己的孩子来讨好君主,没有人性。"

齐桓公又问:"那么开方呢?"

管仲回答:"抛弃亲人来讨好君主,没有人情。"

齐桓公再问:"竖刁呢?"

管仲回答:"阉割自己来讨好君主,十分可憎。"

管仲不久去世了,去世时78岁。

管仲死后,齐桓公不听管仲的话,重用易牙、开方和竖刁。过了几年,齐桓公病重,竖刁作乱,带人围困宫室,不给齐桓公饭吃,齐桓公悔恨不已,就用衣袖蒙脸,活活饿死。齐桓公去世时64岁。

齐桓公和管仲曾经立公子吕昭为太子,并嘱托宋襄公宋兹甫予以保护。齐桓公死后,他的其他五个儿子,争夺君位，相互残杀，易牙、开方和竖刁支持齐桓公的儿子吕无诡继位，太子吕昭逃到宋国去了，其他几个儿子带人进攻宫室，竖刁带军队守住正殿，与几个公子对攻，宫中成了剑拔弩张的战场。齐桓公死后六七十天，尸体腐烂，蛆虫遍地，尸臭熏天，却没有人来管。

太子吕昭逃到宋国，宋襄公宋兹甫按照和齐桓公的协定，带兵来到齐国，拥立吕昭。

宋军进攻齐国都城，掌兵权的易牙带齐兵迎战。危难时刻，老臣高傒乘易牙带兵出城，请竖刁进宫议事，将竖刁杀死，并迎公子吕昭回宫就位，就是齐孝公。吕无诡被杀，易牙逃亡鲁国，齐国动乱才告结束。这时候，才开始为齐桓公下葬。

后来在齐孝公时代，开方依然得到重用，齐孝公吕昭死后，开方杀死吕昭的儿子，拥立齐孝公的弟弟吕潘登上国君之位，就是齐昭公。

十、春秋首霸

　　齐桓公吕小白在危急时刻,不失时机,争到君位。他励精图治,礼贤下士,重用管仲、鲍叔牙、高傒等有能力有品德的大臣,使齐国富强,最后成为天下盟主,首霸春秋。但是,他老年时喜欢巴结奉迎之徒,只喜欢听奉承之语,重用易牙、开方和竖刁这样的无耻小人,最后落得饿死宫中的可悲下场。齐桓公的故事,发人深省呀!

宋襄公宋兹甫

一、三恪之一

周朝建立的时候，出于对过去几个朝代的尊重，就把舜帝的后代封到陈国，把禹帝的后代封到杞（qǐ）国，把商朝的后代封到宋国，建立诸侯国。让他们管理这几个朝代留下来的人民，同时祭祀祖先，这就叫做"三恪（kè）"。

宋国是商朝后代的封国，爵位是最高的公爵，国土大部分在今天河南省商丘一带。商朝国君姓子，封到宋国后，就以国名宋为氏。宋这个姓氏也是从这里开始的。

我们今天讲的宋襄公是宋国的第二十任国君，名叫兹甫，子姓，宋氏，是"春秋五霸"之一。

二、让贤出名

宋兹甫是宋国国君宋桓公宋御（yù）说（yuè）的第二个儿子，他的妈妈是卫国国君卫昭伯姬顽的女儿，历史上称为宋桓夫人。宋桓夫人是宋桓公的妻子，但是，在北狄入侵卫国的时候，她回到卫国，领导人民，抵抗北狄的入侵。宋桓公因为夫人私自离开，就休了她。宋兹甫还有一个大哥，叫做宋目夷，是一个妾生的儿子。

后来，宋桓公死的时候，就让宋兹甫继承国君之位，但是，宋兹甫却恳求让哥哥宋目夷继承，他说："目夷年龄比我大，而且忠义仁爱，请立目夷为国君吧。"

宋目夷听后感动地说："弟弟能够把国君的位子让给我，这不是最大的仁爱吗？我再仁爱，也赶不上弟弟啊！"

宋目夷为了躲避弟弟让贤，就逃到了卫国。

那个时候，为了争夺国君的位子，许多诸侯国都是兄弟之间互相残杀争斗，宋兹甫和宋目夷兄弟两个互相让位，在当时就被人们称颂赞扬。

宋桓公死后，宋兹甫当上国君，就是宋襄公。宋兹甫任命哥哥宋目夷当了宰相。

三、筑台望母

宋兹甫是一个很有孝心的人，他的妈妈宋桓夫人回到娘家卫国，参加抵抗北狄的战争，被父亲宋桓公抛弃。但是，宋兹甫非常思念妈妈，妈妈也非常思念宋兹甫。

宋国和卫国中间隔着黄河，宋兹甫的妈妈宋桓夫人写了一首诗："谁谓河广？一苇杭之。谁谓宋远？跂（qǐ）予望之。谁谓河广？曾不容刀，谁谓宋远？曾不崇（chóng）朝（zhāo）。"

诗的意思翻译成现在的话就是："谁说黄河很宽广呀？为了见到我的儿子，我划着一片芦叶都敢到对面去。谁说到宋国的路很遥远呀？为了见到我心爱的儿子，我踮起脚尖就能跑到他眼前。谁说黄河很宽广呀？在我眼中，它小得就放不下一条小木船。谁说宋国路遥远呀？我一个早晨一定能回来。"

这首诗叫做《河广》，用夸张的手法表达母亲思念孩子迫切的心情，收录在《诗经·卫风》里，《诗经》是我们国家最早的诗歌集，里面有许多很美很好的诗，孩子们可要认真读，将来长大了，就能成为文学家。

宋襄公也思念妈妈，把妈妈接回来吧，就违反了父亲的命令，就是不忠，他不能这样做。但是，思念母亲的心情让他日夜受着煎熬，终于有一天，他想了一个办法，他决定在黄河岸边修建一个高高的台子，站在台子上，就能看见黄河对面的母亲了。

于是，宋襄公就亲自带着二百多名工匠，到黄河岸边修筑高台。周围的百姓都被他的孝心感动了，纷纷前来帮忙，结果仅仅用了5天时间，高台就修成了，人们就把这个高台，叫做"望母台"。自筑起望母台后，宋襄公每逢母亲生日和自己生日，都到望母台去看望对面的母亲，母亲也站在对面，远远地望着自己的儿子。后来，宋襄公在临死的时候，也强撑着来到望母台，遥望母亲。最后，他死后，也安葬在望母台旁边。

四、平定齐乱

齐桓公吕小白在世的时候,有一次召集诸侯会盟,他早就听说宋襄公为人仁爱仗义,就把自己的儿子吕昭托付给宋襄公,齐桓公说:"我现在立的太子,是我的长子吕昭,在我死后,他的其他几个弟弟可能要夺权。我听说你仁义,我把太子托付给你,希望你将来保护他继承君位。"

宋襄公答应了齐桓公的嘱托。

过了几年,齐桓公重病,他的几个儿子为了争夺君位,都带着自己的军队,互相攻打,没有人照顾齐桓公,齐桓公饿死了,齐国一片混乱,太子吕昭逃到了宋国。

宋襄公为了兑现对齐桓公的承诺,就率领卫国、曹国和邾国的人马打到齐国,齐国人里应外合,又把吕昭拥立为国君,宋襄公从此名气大振。

五、试图称霸

宋襄公想继承齐桓公的霸业,那时候,诸侯中的几个大国都不安宁,齐国发生内乱,秦国和晋国在不断打仗,宋国虽然不是大国都不安宁,但是,宋襄公想依靠他的仁义,称霸诸侯。

他的哥哥宋目夷劝阻他说:"宋国就凭小国的力量来称霸诸侯,这是自找麻烦,招惹灾祸呀。"但是,宋襄公不听哥哥的意见,他采用强迫的手段把卫、邾、曹、滑等几个小国结盟在一起,然后想把所有的国家结成联盟。

有一年春天,宋襄公在鹿这个地方召集诸侯,齐国、楚国国君都来了。宋襄公以盟主身份自居,引起齐君和楚王的不满,宋襄公又自作主张,没有经过齐国和楚国同意,就约定当年的秋天再次在盂(yú)这个地方会盟,他还规定,参加会盟的时候,各国都不能带军队,只能国君前来。

到了秋天,宋襄公要去会盟,他的哥哥宋目夷劝他带上军队,宋目夷说:"楚国人最不讲诚信,你必须带上军队，以防万一。"

宋襄公说："不带军队是我自己提出来的，我怎么能不守信用呢？"

于是，宋襄公不带军队赴会。到了约定的日子，楚、陈、蔡、许、曹、郑等六国的国君都来了。不讲诚信的楚国早埋伏好了军队。

宋襄公和楚成王熊恽因为争当诸侯霸主而发生议，楚成王突然命人抓住了宋襄公，把他带回楚国关押起来，一直关押到冬季，才在宋目夷营救下，被释放出来。

六、宋襄之仁

宋襄公回国后，一直想报仇，他听说郑国支持楚成王熊恽做诸侯霸主，他就决定攻打郑国。郑国急忙向楚国求救。楚国派大将成得臣率兵向宋国国都发起攻击。宋襄公担心国内有失，只好从郑国撤退，双方的军队在泓水相遇。

楚军开始渡泓水河，向宋军冲杀过来。

宋目夷说:"楚兵多,我军少,趁他们渡河的时候消灭他们。"

宋襄公说:"我们号称仁义之师,怎能趁人家渡河攻打呢?"

楚军过了河,开始在岸边布阵。宋目夷说:"可以进攻了"。

宋襄公说:"等他们列好阵。"

等楚军布好军阵,楚兵一冲而上,把宋军打败了,宋襄公也被楚兵射伤了大腿。

宋军打了败仗,损失惨重,都埋怨宋襄公不听宋目夷的意见,宋襄公却说:"一个有仁义之心的君子,作战时不攻击已经受伤的敌人,也不攻打头发已经斑白的老年人。尤其是古人每当作战时,并不靠关塞险阻取胜,我们宋国虽然就要灭亡了,仍然不忍心去攻打没有布好阵的敌人。"

有一个成语叫做"宋襄之仁",就是说的宋襄公对敌人讲仁义这种可笑行为。

七、襄公之死

宋襄公在泓水之战失败以后，撤退到宋国襄邑的行宫里养伤。这时候，晋国在外逃命的公子姬重耳经过宋国，宋襄公对姬重耳很好，热情接待，还送给姬重耳八十匹马。后来，姬重耳回到晋国，当上国君，就是大名鼎鼎的春秋五霸之一晋文公。

过了不久，宋襄公伤痛发作，不治而死，他的儿子宋王臣即位，就是宋成公。

宋襄公虽然被后人列为春秋五霸之一，但他实际上并没有真正做到霸主的地位。

宋襄公仁爱忠孝，是他的优点，我们应该学习；但是他凭借一个小国的力量，就想称霸诸侯，实在自不量力；他对敌人也讲仁义，是十分可笑的。

晋文公姬重耳

一、祸起萧墙

晋文公是春秋时期晋国第二十二任君主,姓姬,名叫重(chóng)耳。"文"是他死后的谥号。据说晋文公叫做重耳,是因为他的耳朵边上,还有一个小耳朵,所以,叫"重耳"。也有人说,他应该叫做"重目",因为他的每只眼睛里都是两个瞳孔。据说重耳生下来肋骨紧密相连,在古代叫做"骈(pián)胁(xié)",又叫做骈肋,这实际上是一种畸形,但是古人认为这是圣人之像。

晋国本来叫做唐国,是周朝开国国王周武王姬发的儿子姬虞(yú)的封地,姬虞被封为侯爵,称为唐侯。姬虞去世后，他的儿子姬燮（xiè）继位，把国都迁到晋河旁，就改国号为晋。晋国疆域，大部分在今天山西省境内。

晋文公姬重耳是晋献公姬诡诸的第二个儿子。

晋献公姬诡诸有许多夫人和儿子，大夫人是齐桓公吕小白的女儿，称作齐姜，生下长子姬申生和大公主穆姬，姬申生被立为太子，穆姬嫁给秦穆公赵任好为夫人。因为晋国公主嫁给秦国国君，所以，后代把结成婚姻关系称为"秦晋之好"。"穆姬"不是一个人名，姬是姓，穆是因为嫁给秦穆公，才称为"穆姬"。

齐姜生下姬申生和穆姬后死了。晋献公姬诡诸又娶了翟（zhái）国狐氏姐妹两个女人，大姐生下姬重耳，小妹生下姬夷吾。

有一年，晋献公姬诡诸率领军队攻打骊戎，俘获姐妹两个美女，一个称作骊姬，一个称作做少姬，晋献公对她们姐妹十分宠爱。后来，骊姬生下一个儿子，叫做姬奚齐，少姬生下一个儿子叫做姬卓子。请注意，"骊姬"和"少姬"都不是人名，"骊"是地方名，"姬"是美女，"骊姬"就是骊国的美女，"少姬"就是比骊姬小的美女。

(南宋)李唐绘《晋文公复国图》(局部1)

晋献公宠爱骊姬母子,就想废掉太子姬申生,改立姬奚齐为太子,但是他又怕其他几个儿子不满,就设法把其他几个儿子派到外地去。

有一天,晋献公姬诡诸把几个儿子叫到身边,对他们说:"曲沃(wò)是我晋国祖先宗庙所在的地方,而蒲城靠近秦国,屈城靠近翟国,这三个地方都很重要,如果不派儿子镇守那里,我放心不下。"

于是,晋献公就派太子姬申生住在曲沃,二儿子姬重耳住在蒲城,三儿子姬夷吾住在屈城。而晋献公与骊姬的儿子姬奚齐住在国都绛(jiàng)城。

晋献公对骊姬说:"我想废掉申生,让奚齐做太子。

但是，太子为人谨慎小心，功勋卓著，确实找不到什么借口呀！"骊姬假装不答应，心中却很高兴，他就暗中给太子设下圈套，想让晋献公尽快废掉太子。

此后，骊姬多次唆使晋献公派太子姬申生外出征战，想让姬申生死在战场上，但是，姬申生每次都得胜回来，让骊姬大失所望。于是，骊姬又想出新的计策。

有一天，骊姬见姬申生进宫来，就故意在自己头上涂上蜂蜜，惹得许多蜜蜂来追赶她，然后呼叫申生救她。申生就跑过来拍打骊姬头顶周围的蜜蜂，骊姬故意朝晋献公跟前跑，晋献公远远看见，以为申生调戏后母，心中非常愤恨，但他考虑申生平时孝顺自己，而且品德很好，就原谅了申生。

又过了一段时间，骊姬对姬申生说："你父亲梦见你妈妈齐姜了，你赶快去一次曲沃，祭奠一下你的母亲，回来后把祭祀用的胙（zuò）肉献给你父亲吃"。

姬申生马上启程，到曲沃祭祀母亲齐姜，并将胙肉带回来，准备献给父亲晋献公。骊姬却暗中派人在胙肉中放了毒药。厨师将胙肉做好，献给晋献公，晋献公刚要吃，骊姬说:"胙肉是太子从遥远的地方带回来的,小心变坏,先让狗吃试试。"

手下的人把一块胙肉带出来,喂给狗吃,狗马上被毒死了。晋献公不相信儿子会毒害自己,骊姬就建议把胙肉给宫中小杂役吃,小杂役吃完也死了。晋献公勃然大怒,下令大将嬴(yíng)里克逮捕太子姬申生。

嬴里克和姬申生向来关系很好,就故意放姬申生逃往曲沃。晋献公就下令杀了太子姬申生的老师杜原款。

姬申生跑到曲沃,有人对他说:"太子您并没有给胙肉中下毒,为什么不给国君说明白这件事呢?"

姬申生流着泪说:"我父亲老了,离不开骊姬,没有骊姬,就吃不下饭,睡不着觉。我如果揭露了骊姬,父亲会非常愤怒,离开骊姬,他会非常寂寞。"

又有人建议说:"太子您赶快逃到别的国家去吧。"

姬申生说:"我带着毒害父亲的恶名,谁会接纳我?"

姬申生最后流着眼泪叹息一声,说:"天下之大,竟然没有我容身之地。"说完拔剑自杀了。

姬申生死后，二公子姬重耳和三公子姬夷吾回到绛城，有人对骊姬说："这两位公子都怨恨你进谗言害死太子。"

骊姬听了非常害怕，就向晋献公说："申生在胙肉中放毒，是和两位公子合谋的。"晋献公就派人叫两位公子进宫讯问这件事。

姬重耳和姬夷吾听到消息，想起哥哥惨死，非常害怕，姬重耳连夜动身逃到蒲城，姬夷吾逃到屈城。

晋献公等不见两个儿子进宫，非常气愤，又听说两个儿子逃走了，认定他们有谋反之心，于是，就派军队到蒲城和屈城去抓姬重耳和姬夷吾。

二、翟国避难

姬重耳逃到蒲城，晋献公就派宦官勃鞮（dī）带兵抓捕重耳。重耳手下的将士都要求重耳带兵攻入绛城，杀死骊姬。姬重耳说："我不会反我的父亲，凡是劝我造反的人，都应该处死。"

勃鞮带兵来到蒲城，见到姬重耳，劝重耳学习太子申生，赶快自杀，但是，重耳不愿意死，就突然翻过院墙逃走了，勃鞮赶上重耳，挥剑就砍，但是，只砍下了重耳的衣袖。

姬重耳平时喜好结交朋友，而且豪侠仗义，所以有一群意气相投的死党，在他逃走的时候，也都追随着他，其中有他的舅舅狐偃（yǎn）、老师胥臣，以及赵衰（cuī）、贾佗（tuó）、先轸（zhěn）、魏犨（chōu）和介子推等人。

姬重耳带着这些人，慌不择路，害怕被勃鞮追上。这时候，舅舅狐偃提议逃到自己的家乡翟国去，于是，众人就一起奔向了翟国。

晋献公同时派军队到屈城抓捕姬夷吾，屈城百姓都逃走了。姬夷吾也想逃到舅舅家翟国。大夫冀芮（ruì）说："不行，你二哥重耳已经跑到那里了，你再去，晋国必定派大军攻打翟国，翟国人害怕晋国，就会把你们都押解回来，咱们不如逃往梁国，梁国靠近秦国，秦国强大，等你父亲死了，您就可以到秦国，求姐夫秦穆公送您回国。"

于是，姬夷吾带着冀芮逃到梁国去了。

晋献公听说重耳逃到翟国，就发兵进攻翟国，翟国国君也发兵抵抗，晋军见翟军奋勇作战，也不愿意耗损兵力，就撤兵了。

姬重耳在翟国避难，一住就是十二年。有一年，翟国攻打北方草原民族狄人廧（qiáng）咎（jiù）如部落，俘获廧咎如国王的两个女儿，分别叫做叔隗（kuí）和季隗，"隗"是廧咎如国君的姓，叔和季是排行第三和第四，翟国国君就把叔隗和季隗送给重耳。

叔隗和季隗长得非常美丽，草原上的歌谣唱到："前叔隗，后季隗，如珠比玉生光辉"。重耳娶了其中一个叫季隗的姑娘，后来，季隗为重耳生了两个儿子，一个叫姬伯鲦（tiáo），另一个叫做姬叔刘。重耳又把另一个美女叔隗赐给了赵衰，生下赵国一代名臣赵盾，后来，才有了"赵氏孤儿"的故事。季隗嫁给重耳的时候，只有十三四岁。

姬重耳逃亡翟国第十二年，晋献公死了。按照晋献公生前的安排，十四岁的姬奚齐继位，当上了晋国国君，骊姬当上了太后。大夫荀息受晋献公之托，当上宰相，保护姬奚齐登基。

但是,太子姬申生的死党将军嬴里克、祁郑等人一心要为太子申生报仇,就带兵把姬奚齐杀死在晋献公的灵堂上。荀息又立一岁的姬卓子为晋君,嬴里克又把姬卓子在朝堂上杀死。嬴里克等人冲进后宫,用鞭子将骊姬活活抽死。

赵盾,选自《清刻历代画像传》

嬴里克派重耳的另一个舅舅狐毛到翟国迎接姬重耳回来继承国君之位。但是,重耳怀疑他会被骗回去处死,就推辞说:"违背父亲的命令出逃,父亲逝世后又不能按儿子的礼仪给父亲治丧,我怎么好意思回国即位呢?"

于是,嬴里克就派人到梁国去迎接姬夷吾回到晋国,登上晋君之位,他就是晋惠公。

二、逃亡之路

姬夷吾当上国君后，就背信弃义，他首先逼死拥立他即位的嬴里克，又杀了祁郑等许多大臣，晋国人对他都不满。姬夷吾又害怕姬重耳回来夺权，于是，就再次派勃鞮带杀手到翟国追杀重耳。

重耳听到消息后，就与赵衰等人商量，想逃出翟国，躲避追杀。大家都问他到哪里去？

重耳说："听说齐桓公喜欢有才能的人，而且称霸天下，他手下的能人管仲、隰（xí）朋都去世了，我们为什么不前往投奔他呢？"

大家都同意重耳的意见，于是，几个人就动身去齐国。离开翟国的时候，重耳对妻子季隗说："你等我二十五年，如果回不来，你就改嫁。"

季隗哭着回答："如是而嫁，则就木焉。"她的意思是说，等过二十五年，我即使嫁了人，也该进棺材了。"行将就木"这个成语就是这样来的。

季隗又擦擦眼泪说:"你放心去吧,我会等你的。"

这一年,重耳54岁了。

重耳路过卫国,卫文公姬毁看他可怜巴巴的样子就不肯接待他。他们就离开卫国,继续往东走。重耳走了几天,带的干粮都吃完了,几个人忍饥挨饿继续前进。到了五鹿这个地方,重耳饿得实在没有办法,就向乡下人讨饭,村民看他们穿得破破烂烂的,就把土拿给重耳吃。重耳很不高兴,赵衰安慰他说:"土,象征土地,他们是表示对您臣服,你应该行礼接受。"重耳拜谢并收下土块装在车上,继续往齐国走。

姬重耳一路要饭逃到卫国,他手下的一个叫做头须的随从,饿得实在受不了,就把大家乞讨来的食物背跑了。此时正在山里,而且还是冬季,地里找不到一个地瓜,天上也看不见一只飞鸟,到了第二天,姬重耳饿得实在受不了了,就头一歪栽倒在地上。跟随他的介子推慌忙跑到附近的田舍中乞讨,可是农夫的锅里也只有一只煮熟的老鼠,介子推想把老鼠拿走,那农夫竟然操起一把刀和他拼命。介子推跑回来,看见重耳已经出现幻觉,快咽气了,介子推急了,他操起刀子,嚓的一声,竟然从自己的大腿上割下一块肉来,一起跟随来的人,都吓傻了,他们一面给介子推裹伤,一面赶快把介子推的肉连同在路边扒下的树皮一起煮了,喂给姬重耳吃,姬重耳才缓过劲来,保住了一条命。

最后,姬重耳费尽千辛万苦,才来到齐国,齐桓公吕小白心胸宽阔,喜爱人才,很看重重耳,热情招待,为了让重耳安下心,住在齐国,还把家族里的一个少女嫁给重耳,这个少女因为是齐国人,姓姜,所以,也被称为"齐姜"。齐桓公还陪送了二十辆四匹马拉的车子,重耳感到很满足。但是此时,齐桓公已经老了,没有了昔日的雄心壮

(南宋)李唐绘《晋文公复国图》(局部3)

志，他身边已经没有管仲这样的人才了，只有竖刁、易牙和开方这样的无耻小人，所以，重耳等人在齐国也没有得到重用，但是却过上了安稳舒服的日子。

五年后，齐桓公去世，竖刁、开方、易牙等人政变，齐国一片混乱，随后，齐孝公吕昭即位，各国的军队多次进攻齐国，齐国内忧外患，霸权不在了。

重耳等人待在齐国，感觉前途渺茫，重耳却爱恋着在齐国娶的妻子齐姜，不想离开了。

三、复国之路

重耳手下的人，跟随重耳，都希望能得到一个国家的支持，然后借用他们的力量，重返晋国，夺取君位。但是，当他们看到重耳在齐国过起了小日子，不思进取，大家都很失望，也很着急。

有一天，赵衰、狐偃和介子推在一棵桑树下商量怎样想办法让重耳离开齐国。齐姜的侍女听到他们的谈话，就告诉了齐姜。齐姜是一个深明大义的女人，她怕侍女告

(南宋)李唐绘《晋文公复国图》(局部4)

密,就把侍女杀了。齐姜劝重耳赶快想办法回到晋国去。

重耳说:"人生来就是为了寻求安逸和享乐,何必管其他事呢?我死也要死在齐国,决不离开你。"

齐姜说:"您是一国的公子,走投无路才来到这里,您的这些随从把您当作他们的生命。您不赶快回国,报答他们,却贪恋女色,我都为你感到羞耻。况且,现在你不去追求,什么时候才能成功呢?"

重耳依然不答应离开。

齐姜就和赵衰、狐偃、介子推商量,在一天晚上,用酒灌醉重耳,偷偷把他抬到车上,然后悄悄离开了齐国。

走了很远,重耳醒来,才发现自己已经离开齐国,他很生气，就拿起剑要杀舅舅狐偃。狐偃说："如果杀了我能成就你的事业，那正是我的心愿。"

重耳说："我们这次去就不能再回来了，如果事情不成功，我就吃你的肉。"

狐偃笑着说："我的肉又老又脏，你能吃得下去吗？"

重耳很无奈，一路不高兴，但是只能跟着大家前进了。

他们后来到过曹国、宋国、郑国，这几个国家都是小国，没有力量帮助重耳。而且，曹国国君曹共公姬襄还偷看重耳的骈（pián）胁（xié）。这是一种非常不礼貌的行为，这件事情让重耳感到很耻辱。郑国国君根本不接待重耳。

重耳来到楚国，楚成王熊恽很热情，用对待诸侯的礼节招待他。重耳很感激，说："我将来能回到晋国，当上国君，一定报答您的恩情。"楚成王熊恽问："你用什么来报答我？"重耳说："珍禽异兽、珠宝美玉，您都很多了。假如我将来当了晋国国君，如果晋国和楚国发生战争，我一定让我的军队退避三舍。""退避三舍"这个成语就出自这里，按当时的计量方法，一舍是三十里，三舍就是九十里。这个词现在用来比喻退让和回避，避免冲突。

重耳在楚国住了几个月，晋国国内发生了变化。重耳的弟弟晋惠公姬夷吾病了，姬夷吾的儿子姬圉（yǔ）过去在秦国做人质。人质就是当两个国家签订条约，达成协议，为了保证认真履行诺言，就把对方亲人扣押在自己国内，如果不遵守诺言，对方就可以杀死人质。当时，晋惠公姬夷吾就是靠秦国的支持，才当上国君的，秦国为了让晋惠公不背叛自己，就把晋惠公的儿子姬圉扣留在秦国当人质。

晋惠公病了，姬圉害怕别的公子抢占晋君之位，他就悄悄逃跑回到晋国，这件事情，让秦国国君秦穆公赵任好非常生气，赵任好听说重耳在楚国，他就派人到楚国迎接重耳，想支持重耳回到晋国继承国君之位。

这一年秋天，重耳来到了秦国，秦穆公赵任好十分高兴，把自己的女儿文嬴嫁给重耳。文嬴本来嫁给了姬圉，姬圉逃走后，又嫁给重耳。嬴是秦国国君的姓，因为嫁给晋文公重耳，才称"文嬴"。

(南宋)李唐绘《晋文公复国图》(局部5)

赵衰吟唱这首诗,是想告诉秦穆公赵任好,他们想快点回到晋国去。

秦穆公说:"我知道你们的意思。"

重耳与赵衰离开了座位,再次对秦穆公行礼说:"我们这些孤立无援的人就全靠您的支持了,就如同庄稼盼望好雨一样。"

四、重耳复国

这一年九月,晋惠公姬夷吾死了,太子姬圉继位,就是晋怀公。冬季,秦穆公就派太子嬴罃(yīng)率领军队护送重耳回晋国。

秦国太子嬴罃的母亲穆姬是姬重耳的姐妹，所以，嬴罃是重耳的外甥。嬴罃把姬重耳一直送到渭河北岸，离别时拉着舅舅的手，难舍难分，这时候，嬴罃的母亲穆姬已经死了，所以，嬴罃望着舅舅，就像看到母亲一样，他深情地咏诗道："我送舅舅归国去，转眼来到渭之阳。有何礼物赠与他？一辆大车四马黄。我送舅舅归国去，思绪悠悠想娘亲。用何礼物赠与他？宝石玉佩表我心。"成语"渭阳之情"就是讲姬重耳和外甥嬴罃这段故事，这个成语后来比喻舅舅和外甥之间的深厚情谊。

晋怀公姬圉听说秦军来了，就派出军队抵抗。但是，晋军大多背叛了晋怀公姬圉，投降了重耳。于是，重耳从秦国军队，回到晋国军队里。不久，宣告登上晋国国君之位，就是晋文公。

大臣们都前往曲沃，投靠晋文公姬重耳。晋怀公姬圉逃到高梁这个地方，后来，被姬重耳派人杀死了。

晋怀公的死党吕省、郤(xì)芮还想放火烧死重耳，被勃鞮告密，吕省、郤芮逃到黄河边，被秦军杀死了。

这时候，翟国送回来姬重耳的妻子叔隗和两位公子，齐国送回来齐姜，再加上姬重耳在秦国接受的五个夫人，他就拥有七位夫人，重耳的夫人们互相谦让，最后，秦穆公的女儿文嬴做了第一夫人。

五、治理晋国

晋文公开始治理晋国，他首先任用狐偃为相，先轸为帅，让赵衰、胥臣、栾（luán）枝、冀缺等有才能有品德的人辅佐他治理国家。赏赐跟随自己逃亡的人和各位有功之臣，功劳大的封给城邑，功劳小的也授予爵位。

（南宋）李唐绘《晋文公复国图》（局部6）

有一个传说，跟随晋文公姬重耳流浪的介子推为人非常耿直，他曾经割下腿上的肉，给姬重耳吃，对姬重耳有救命之恩。但是，他不愿意凭借功劳，享受高官厚禄。在他们渡黄河回晋国的时候，狐偃对姬重耳说："我跟随您很多年，犯过许多错误，你现在马上要大功告成，我请求在这里离开你吧。"大家都能听出来，狐偃是在表自己的功劳。重耳说："如果我回到晋国，有对不起你们的地方，就像这块碧玉一样淹死在黄河里，请河神作证！"说完，重耳就拿出碧玉，扔到黄河里。

站在旁边的介子推听了这些话，就说："重耳能回到晋国，都是上天安排的，可是狐偃却认为是自己的功劳，并向君王索取官职，太无耻了，我不愿和他同行。"等过了黄河，介子推就独自一人回家了。

所以，晋文公在赏赐功臣的时候，把介子推忘了。后来，有人提起介子推，姬重耳才派人四处寻找，介子推不愿意回来做官，而是背着自己的母亲躲避在绵山之中。姬重耳为了让介子推接受赏赐，就下令烧山，逼介子推下山，结果把介子推和母亲烧死在绵山里的一棵柳树下。

姬重耳感到非常伤心。为了纪念介子推，姬重耳下令介子推被烧死的日子，不许生火做饭，要吃冷食，叫做"寒食节"。第二年，姬重耳登山祭奠介子推，发现介子推被烧死地方的柳树又复活了，便称柳树为"清明柳"，规定寒食节后的一天为"清明节"。这就是寒食节和清明节的来历。

晋文公姬重耳为了发展经济，减免百姓的税收，给穷人和可怜的人分发财产。而且还减轻关税，便利通商。鼓励发展农业，提倡互相帮助。在生产上，号召改进工具，奖励开荒种地。经过几年努力，晋国变得强大起来。

晋文公有一个良好的品德，就是他从来不骄傲，能听进去别人好的建议。他当上国君不久，有一次，他带着几个人去打猎，他们一起去追一只麋（mí）鹿，追到离国都很远的地方，都没有追上，他看见一个老农坐在路边，就过去问："你看见我追的那只麋鹿了吗？"

老农坐着用脚指路说："往那边跑了。"

晋文公觉得奇怪，就问："你为什么用脚指路，不用手呢？"

(南宋)李唐绘《晋文公复国图》(局部9)

老农站起来说:"我用脚给你指路,是因为我不想告诉你麋鹿跑到哪里去了。"

晋文公就问他为什么。

老农叹息说:"想不到我们的国君这样笨呀!虎豹因为离开山林靠近人类,才被人猎杀,鱼鳖因为离开深水,才被人捉住,国君一旦离开他的人民,才会亡国。《诗经》里说:'维鹊(què)有巢(cháo),维鸠(jiū)居之。'国君你离开自己的国都这么远,别人就会推翻你做国君啦。""维鹊有巢,维鸠居之"后来简化为成语"鸠占鹊巢",它的意思是说,喜鹊会筑巢,而斑鸠不会,但是斑鸠常常趁喜鹊外出,就占了喜鹊的巢穴。现在常常用来比喻自己的住房被人占领。

晋文公听了老农的话,马上掉头往回走,回来的路上遇上了来保卫他的大臣栾枝。

栾枝问:"我看您脸色这么高兴,是不是打到野兽了?"

晋文公说:"野兽没打到,但是却得到了忠告,所以高兴。"

栾枝说:"忠告您的人在哪里呀?"

晋文公说:"我没有请他一起来。"

栾枝说:"采纳了别人的话却抛下他,就是偷盗别人的思想呀!"

于是,晋文公赶快回去找到老农,把他请回去,重重感谢。

六、称霸诸侯

晋文公继承了齐桓公"尊王攘夷"的思想,尊重周王,抵御周围游牧民族的侵略。

这一年，周王室发生了王子姬带的叛乱。

王子姬带是周惠王姬阆的小儿子，他的妈妈惠后非常喜欢姬带，想立姬带为太子，继承王位，但是，周惠王姬阆死的时候，由长子姬郑继承了周王之位，就是周襄王。

姬带从小娇生惯养，品行恶劣，任性霸道，他因为自己没有继承王位，就几次勾结游牧民族西戎攻打周朝国都雒邑，都被周襄王姬郑打败。姬带逃到了齐国，投奔齐桓公，后来，经过齐桓公调解，姬带回到周朝国都雒邑。但是，姬带依然不改任性的毛病。

周襄王姬郑的王后是狄国公主季隗，隗是姓，季是排行老三，说明姬郑的王后是狄国国王的三公主。隗三公主长得很漂亮，而且善于骑马射箭，性格也有点骄傲任性，周襄王当时年龄大了，就对隗三公主看不惯，废黜了隗三公主的王后之位。

狄国国君听到消息，非常愤怒。这时候，姬带就给狄国送信，要狄王发兵，进攻周朝。狄国大军迅速攻下了都城雒邑。周襄王姬郑仓皇逃到郑国。

狄王拥立姬带当上周王，隗三公主又嫁给姬带，当上了王后。

周襄王在郑国向各国诸侯求救,晋文公姬重耳于是带兵出征,打败姬带带领的军队,活捉了姬带,并把周襄王姬郑送回都城,将姬带和隗皇后押到都城处死,平定了内乱。这次内乱,历史上叫做"子带之乱"。

此后,晋文公管理国家的九年里,先后讨伐他流浪时期对他不尊敬的曹国和卫国,打败楚国,救援宋国,逼服郑国,而且直逼强大的秦国,并且在践土这个地方举行诸侯会盟,成为继齐桓公之后的第二个中原霸主。

晋文公做人非常讲诚信。有一次,晋文公带领军队攻打原国,原国是周武王第十六个弟弟的封地。晋文公出发的时候,只带着可供十天食用的粮食,他对大臣们说:"我这次出发,最多十天就可以消灭原国,十天之内,一定回来。你们在城外迎接我。"

可是到了第十天,晋国军队没有攻下原国。晋文公便下令敲锣退军,准备收兵回晋国。这时,有战士从原国回来报告说:"再等三天就可以攻下原国了。这是攻下原国千载难逢的好机会,眼看就要取得胜利了"。

晋文公身边的武将也说:"原国的粮食已经吃完了,兵力也用尽了,请国君再等待一些时日吧!"

晋文公说:"我跟大臣们约定十天的期限,若不回去,是我失去信用啊!为了得到原国而失去信用,我不会这样做。"

于是,晋文公下令撤兵回晋国去了。

原国的百姓听说这件事,都说:"有像晋文公这样讲信义的国君,人们的生活怎么不安定呢?"于是,原国的百姓纷纷投奔了晋国。

附近的卫国人也听到这个消息,就投降了晋文公。

后来,孔子听说了,就把这件事记载在他写的《春秋》这部书里,并且评价说:"晋文公攻打原国竟获得了卫国,是因为他能守信啊!"

晋文公流浪的时候,楚国对他很好,他曾答应楚王,一旦晋楚两国交战,晋国一定"退避三舍",后来,楚国大将成子玉和晋国作战,晋文公命令士兵后退九十里,兑现了诺言。同时也把成子玉的军队引诱到埋伏圈里,一举歼灭。

(南宋)李唐绘《晋文公复国图》(局部12)

还有一次,晋文公率军在城濮(pú)与楚国作战,当时楚军非常强大,他问狐偃怎么战胜强大的楚军。狐偃回答说:"礼不厌美,战不厌诈,您用'诈'好了。"这句话的意思是举行礼仪不排斥最华美的、用兵作战不排斥运用欺诈的策略或手段。成语"兵不厌诈"就来自这个故事。

晋文公把狐偃的说法告诉雍(yōng)季,征求他的意见。雍季说:"竭(jié)泽(zé)而渔(yú),岂不获得?而明年无鱼;焚(fén)薮(sǒu)而畋(tián),岂不获得?而明年无兽。诈伪之道,虽今偷可,后将无复,非长术也。"雍季的意思是说,把湖里的水放干来捕鱼,怎么得不到鱼呢?但是,明年湖里再也没有鱼了。把草烧着来捕猎,怎么会抓不到野兽呢？但是，明年就再也没有野兽可抓了。给别人行使欺骗的手段，今天虽然可以偷偷成功，以后却失去信用，不是长久的办法。这段话就是成语"竭泽而渔"和"焚薮而田"的来历，比喻做事不留余地，只顾眼前利益。

晋文公为了打胜仗，采纳了狐偃的欺诈计策，果然获得胜利。但是，回国以后，论功行赏，雍季却排在狐偃之上。有人奇怪，就问晋文公。晋文公说："雍季的话，是永远的真理，狐偃的话，只是一时为了应急，我怎么可以把一时应急的话排在永远真理的前面呢？"

七、一代英雄

晋文公姬重耳70岁的时候去世了，死后安葬在曲沃。他的儿子姬欢继承君位，就是晋襄公。

晋文公姬重耳是一位大英雄。当父亲晋献公误解并追杀他的时候，他依然不愿意起兵造反，这是他孝顺；当父亲去世时，他不愿意回国继位，而且非常悲伤，表明他忠心；他一生过着颠沛流离的生活，但他从不自暴自弃，说明他有坚定的意志和信念；他为人光明磊落，品行正派，言必行，行必果，最终成就了事业；他依靠诚信，团结了他手下的大臣，使百姓富裕，军队强大，从而成为称霸中原的霸主，成为千古传诵的英雄。

  孩子们，英雄并不是看你怎么会打架，会在战场上杀敌，英雄更需要坚强的意志和超常的忍耐，也需要良好的品德和过人的智慧。

秦穆公赵任好

一、西部崛起

孩子们,我们今天来讲我国历史上著名的春秋五霸之一秦穆公的故事。

秦穆公姓嬴,赵氏,名叫任好,是秦国在春秋时期的一位很能干的国君,穆公是他死后的谥号。"穆"这个谥号是赞扬死去的国君有品德有道义,而且端庄严肃。

秦在西周时代,还不是一个诸侯国,力量非常弱小,秦人生活在西部偏僻的山区里,与游牧民族西戎杂居在一起,经常受到西戎的攻击。当时,中原诸侯国都看不起秦人,但是,秦人经过几代人的艰苦努力,到东周时期,已经发展成一个国力强大的诸侯国。其中,秦穆公赵任好是秦国国君中最优秀的一位。

二、求贤若渴

秦穆公赵任好是秦德公的小儿子,他爸爸秦德公死后,他的两个哥哥先后继承君位,在哥哥死后,赵任好继承君位,当上国君。

赵任好性格豪放,心胸宽广,喜爱人才,他为了使秦国强大,四处寻找优秀的人才来帮助他治理国家。不管是来自哪个国家的人才,也不管这个人是什么出身,什么身份,更不管这个人来自敌对国家,还是友好国家,他都认真接待,只要有才能,他都委以重任。

当时,敌国西戎有一个人,叫做由余。有一年,由余奉西戎国王的命令来到秦国。秦穆公问他:"一个国家怎样才能强大?又因为什么会灭亡?"由余回答:"一个国家重视节俭就会强大,铺张浪费就会灭亡。"秦穆公听了认为很有道理,就设法让由余来到自己国家做官,但是,由余不答应。秦穆公把许多歌女送给西戎王，西戎王沉迷歌女，不好好管理国家，由余劝阻也不听，最后，西戎国家开始混乱，由余也只好来到秦国，得到秦穆公的重用。

七十多岁的百里奚（xī）是虞国的大夫，晋献公姬诡诸灭了虞国和虢国，俘虏了百里奚。这时候，晋献公的女儿穆姬要嫁给秦穆公做夫人，就把百里奚作为陪嫁的奴隶。但是，百里奚半道逃跑了，他逃到了楚国，被楚国人抓住了。秦穆公听说百里奚很有才能，就想让他回来，他想用贵重的东西把百里奚赎回来，又担心楚国知道百里奚是个人才，不会放他走。秦穆公想了一个计策，他派人对楚王说："我家的陪嫁奴隶百里奚逃到这里，我想用五张黑羊皮把他换回去。"楚王以为百里奚是一个没有什么用处的老奴隶，就答应了。

百里奚来到秦国，秦穆公和他谈论国家大事，谈了三天，百里奚很有才能，秦穆公非常高兴，就升任百里奚为大夫，把国家政事交给他处理，人称百里奚为"五羖（gǔ）大夫"，意思就是五张公羊皮换来的大夫。后来，百里奚还推举有才能的蹇（jiǎn）叔，秦穆公派人带着厚重的礼物去迎请,让他当了上大夫。

秦穆公还从晋国接收了有才能的丕豹和公孙支。这些谋臣武士,一起帮助秦穆公治理国家,使秦国变得兵强马壮。

三、伯乐相马

秦国人和西边游牧民族居住在一起,常年征战,很需要战马,所以,秦国人就养了许多马。但是,根据实际需要,要对每一匹马进行区分,把身强体壮的留作种马,把性格镇定的留作战马,把性格温顺会听号令的留作仪仗马,把善于快跑的留作传递信息的驿站马,把善于跑田野山路的留作狩猎马,把善于驮运东西的留作杂役马,所以,养马和区分马就成了一门很重要的学问。

当时,人们传说,只有天上的伯乐最善于区分马。这时候,有一个郜(gào)国人,名叫孙阳,最善于识别马的好坏,被人们称为"伯乐。"

孙阳从小就非常喜欢马,他天天心里想的,眼睛里看的都是马。所以，随着他不断长大，观察马的能力也越来越强。后来，他来到养马最多的秦国，秦穆公赵任好见他是个人才，就任命他做了"伯乐将军"，专门替秦穆公研究马。后来孙阳还写了一部书，叫做《伯乐相马经》，这是世界上第一部专门研究马的著作。

孙阳后来在自己老了之后，又为秦穆公推荐了善于研究马的九方皋（gāo）来继承自己的事业。

秦穆公召见了九方皋，并且派他外出找千里马。过了

《九方皋》，1928年徐悲鸿绘，清华大学艺术博物馆藏

三个月,九方皋回来了,说已经找到一匹好马,就在沙丘那个地方。

秦穆公问:"是什么样的马?"

九方皋回答:"是一匹黄色的母马。"

秦穆公派人去沙丘,找到那匹马,但是却不是一匹黄色的母马,而是一匹黑色的公马。秦穆公很不高兴,把孙阳找来,对他说:"你推荐的那位找马人,连马的颜色、雌雄都分辨不清,又怎能鉴别马的好坏呢?"

孙阳说:"这个九方皋太厉害了,他观察马,已经能看到马的真实素质,而忽略马的表面现象,他比我高明得太多了。"

后来,那匹马送来了,果然是一匹天下少有的骏马。

《九方皋》,1931年徐悲鸿绘,徐悲鸿纪念馆藏

四、穆公亡马

秦穆公是一个心胸非常广阔的人,他在歧山有一个牧场,饲养着各式各样的名马。有一天,有一匹马突然跑出去了。管马的牧官赶快四处寻找,结果在山下的农村找到了马的骨头,牧官心想一定是被这个村子的农民吃掉了。于是,牧官就把这个村子三百多个农民全部抓起来,判了死刑。

秦穆公听说了这件事,不但没有发脾气,还说这几匹名马的肉肯定好吃。他就下令,把这三百多个农民释放了,还说把马肉赏赐给他们下酒。这三百多人捡回一条命,高兴地回家了,心里永远感谢秦穆公。

几年后,秦穆公与晋惠公交战,平常在战场上战无不胜的秦穆公,这次却被晋国士兵包围了,眼看敌人快攻到跟前了,秦穆公认为自己必死无疑。这时候,却有一支骑马的部队冲进来,杀退了晋国军队,救了秦穆公。秦穆公向这些救了自己性命的士兵表示感谢,并且问他们是哪里来的军队？他们回答说："我们就是从前吃了您的马，而被赦免死罪的农民"。

五、称霸西戎

当时，在秦国周围，生活着许多戎狄的部落，他们没有文明，生产落后，披着衣服，散着长发。还经常到秦人的边境，抢夺粮食、牲畜和年轻的男人女人，给秦人造成很大的苦难。

秦穆公决心要消灭这些游牧部落，他的办法是先消灭敌人中比较强大的，再消灭弱小的，一步一步发展。

西戎部落中最强的是绵诸、义渠和大荔。秦穆公用计策消灭了绵诸，还把他们国家的人才由余招到秦国来，用由余的计策，消灭了西戎许多部落。秦穆公经过长期的发展，不断扩大地盘。特别是进入春秋以后，西周在陕西境内的土地，大都归秦人所有。秦穆公逐渐灭掉西方戎人所建立的二十多个国家，开辟国土千余里。

秦穆公对戎人的胜利，周王特加祝贺，并赐给他一面金鼓，希望他擂鼓继续向戎人进攻，这就是史书上所说的秦穆公"称霸西戎"。

六、征战中原

秦穆公时期，和秦国接近的晋国非常强大，晋文公姬重耳称霸中原。秦穆公在位三十年后，晋文公去世了，秦穆公就想借此机会打败晋国，称霸中原。

于是，秦穆公命令百里奚的儿子为大将，百里奚的儿子，姓姜，百里氏，字孟明，名叫视，所以，史书上都把他称为孟明视。

孟明视和秦国武将西乞术和白乙丙率领军队去打晋国。

孟明视率大军先打败滑国，抢到大量珠宝、粮食和衣物，然后到达渑（miǎn）池。却被晋国埋伏的部队包围在山谷里，晋国军队用火烧死了许多秦国士兵，还把孟明视、西乞术和白乙丙三员大将俘虏了。

晋军打了胜仗，十分高兴，准备将秦军的三员大将杀了。但是，晋襄公姬欢的后母是秦穆公的女儿，她听说这件事非常着急，就对姬欢说："秦、晋两国原是亲戚，关系很好，可别为杀这几个人坏了两家的和气。现在秦军战败，秦君肯定怨恨他们。不如放回他们去，让秦君自己来处置他们，免得我们落个杀人的坏名声。"

晋襄公姬欢就把孟明视等人放了，可是，等他们走了，姬欢又后悔了，赶紧派人去追。等追兵赶到黄河边上，孟明视三人坐的船刚刚离岸。追兵没有船，只好回去了。

秦穆公得知孟明视、西乞术和白乙丙三人逃回来了，亲自到城外迎接他们。孟明视看到秦穆公，急忙跪下请罪。而秦穆公不但没责备他们，而且自己承担了失败的责任，希望他们继续努力，为秦国被杀的士兵报仇雪恨。

孟明视等人见秦穆公没有怪罪他们，仍旧叫他们掌握兵权，心中十分感激，决心立功赎罪。他们操练士卒，演练阵法，为报仇做准备。又过了一年，孟明视向秦穆公请示，再次率兵进攻晋国。但是，这一次，秦军又被晋军打败了。孟明视觉得这回秦穆公不会饶过他了，他没想到，秦穆公仍然没有责备他，还让他继续执掌兵权。

通过两次失败，孟明视开始从自己身上找原因。他认识到自己的指挥才能不够，训练军队和作战的方法也有缺陷。于是他变卖家财，抚恤伤亡将士家属，亲自训练军队，和士兵朝夕相处，同甘共苦。

就在这时候，晋襄公姬欢却命令大将先且居率领晋、宋、陈、郑四国军队来攻打秦国。

孟明视沉着冷静，认为秦军尚未做好充分准备，不可应战，就命令紧闭城门，加紧训练。许多秦国人都认为孟明视输怕了，成了胆小鬼，建议解除他的指挥权。秦穆公却向大家说："孟明视肯定能打胜仗，咱们等着瞧吧。"

后来，秦军果然打败了四国联军。而且，孟明视还带兵渡过了黄河，进攻晋国。

秦军一路势如破竹，没几天就把过去被晋军攻占去的土地收了回来。秦军在晋国的土地上，往来驰骋，犹入无人之境，晋军哪敢迎战？秦穆公见失地已经收复，也挫灭了晋国的威风，就命令军队撤回来了。

秦国打败晋国，从此，威震天下，成为春秋五霸之一。

七、穆公之死

秦穆公62岁的时候,得病死了。安葬在雍这个地方,在今天陕西凤翔县境内,为秦穆公殉葬而死的人有一百七十七人,其中包括许多秦国的武将。

秦国人对名将殉葬非常伤心,就写了一首诗,叫做《黄鸟》,诗里说道:"彼苍者天,歼我良人;如可赎兮,人百其身!"意思是说:"苍天啊苍天!我们的人才都死了!如果准我们赎他的命,拿我们一百换他一个。"

楚庄王熊侣

一、筚路蓝缕

小朋友们,前面我们讲了我国历史上春秋时代的东方大国国君齐桓公吕小白、北方大国晋国国君晋文公姬重耳、西方大国秦国国君秦穆公赵任好的故事,今天,我们讲南方大国楚国国君楚庄王熊侣的故事。

楚国,位于中原的南方,又叫作荆国或者荆楚,地方大部分在今天湖北和湖南省境内,疆域最大的时候,横跨中国南方十一个省。

楚人的先祖季连是轩辕黄帝的后代。季连姓芈（mǐ）,芈也读作miē,就像羊的叫声一样,楚国的祖先崇拜羊，就以羊的叫声作为自己的姓。轩辕黄帝的国号叫做"有熊氏"，楚国就以"熊"作为氏。

楚国的祖先最早居住在中原，商朝时期，被商王的军队驱赶到南方的大山里。有一个成语叫做"筚（bì）路蓝（lán）缕（lǚ）。"说的就是楚国的

楚庄王，选自《东周列国志》

祖先，居住在深山里，驾着柴车，穿着破衣服，去开辟山林。后来，这个成语用来形容创业的艰苦。

一直到商朝末期，季连的后代中有一位叫做熊蚤（zǎo）的人，因为才华出众，被周文王姬昌拜为老师，他和姜子牙一起，帮助周文王治理国家，立下很大的功劳。后来，商朝被推翻，周朝建立，周成王姬诵就把熊蚤的后代熊绎（yì），封到荆山，爵位为子爵，建立了荆国，"荆"本是一种灌木的名称，也叫做"楚"，所以，荆国也叫做楚

国。

熊蚤也叫鬻（yù）熊，是中国历史上一位伟大的思想家，被称为鬻子或者鬻熊子，是中国道家思想的开创者之一，著有《鬻子》这部书。

楚国在南方开荒种地，拓展疆土，同时不断和周围的蛮族和小国作战，经过多年奋斗，楚国已经发展成南方的一个大国。

但是，楚国始终不被中原周朝各诸侯国接纳，于是，在楚君熊通时期，自称为王，开始和中原周朝各诸侯国公开抗衡。熊通是第一个自称为王的楚君，谥号为武王。

后来，到了春秋时代，楚穆王熊商臣去世，他的大儿子熊侣即位当上楚君，从此楚国进入楚庄王熊侣时代，一个强盛的时代来临了。

二、一鸣惊人

熊侣当上楚君的时候，楚国一片混乱，在国内，大臣们分成几派，明争暗斗，争夺权利和财富。甚至还发生了政变,熊侣被劫持出国都,后来,在其他大臣的帮助下,才逃了回来。

在国外,晋国依然是很有实力的大国,晋国利用楚国老国君去世,新国君刚刚继位这个机会,把几个一向归附楚国的国家又拉了过去,订立盟约,共同对付楚国。

面对复杂的局面,楚庄王熊侣决定先不作为,他要冷眼观察,在国内,搞清大臣谁忠谁奸,在国外,理清每个国家的情况,再采取对策。

于是,熊侣整天吃喝玩乐,白天打猎,晚上喝酒,听音乐,什么国家大事,全不放在心上。他还规定,任何人,都不准提意见,谁要是敢提意见,就判死罪。

就这样,熊侣无所作为地过了三年。

楚国正直的大臣都很为国家担心,但是,又不敢直接给熊侣提意见,就很着急。

大臣伍举实在看不下去,他决心去见熊侣,劝他要认真治理国家。伍举来到宫室,看见熊侣正和几个女人寻欢作乐。熊侣听说伍举要见他,就把伍举召到面前,问:"你来干什么?"

伍举说:"有人让我猜个谜,我猜不出来。大王是个聪明人,我想请您猜猜。"

熊侣听说要他猜谜,非常高兴,就笑着说:"你说,我猜猜。"

伍举说:"楚国的山上,有一只大鸟,身上披着五彩的羽毛,样子神气十足。可是,停在那里三年,不飞也不叫,这是什么鸟?"

楚庄王熊侣心里明白伍举这是用大鸟比喻自己。他笑着说:"这可不是普通的鸟。这种鸟,不飞则已,一飞将要冲天;不鸣则已,一鸣将要惊人。你去吧,我已经明白了。"

大家都等着熊侣能赶快采取措施,治理国家,但是,左等右等,却没有动静,另一个大臣苏从又去劝说熊侣。

熊侣问他:"你难道不知道我下的禁令,不许给国君提意见吗?"

苏从说:"我知道。只要大王能够听我的意见,我就是触犯了禁令,被判了死罪,也是心甘情愿的。"

楚庄王高兴地说:"你们都是真心为了国家好,我哪会不明白呢？"

从此，楚庄王决心认真治理国家，他把这三年里跟着他吃喝玩乐，给他行贿的人都撤职了，把敢提意见的人都委以重任。伍举、苏从都提拔起来，帮助他处理国家大事，国内再没有人敢溜须拍马，吃喝玩乐了。成语"一鸣惊人"，说的就是这件事。

楚庄王熊侣还从跟随他打猎的壮士中提拔了一批武将。有个成语叫"因猎求士"，就是说楚庄王在打猎中发现人才。

楚庄王说："我在打猎的时候，注意观察每一个人的表现，谁能用木棍刺杀虎豹，我认为他有勇气有谋略；谁能抓住犀牛的角，与犀牛搏斗，我认为他是大力士；别人打不到猎物，愿意与人分享猎物的人，我认为是有仁爱之心。我如果得到这三类人，楚国就可以安定了。"

楚庄王除了重用身边自己发现的人才，他还四处请能人帮助他治理国家，有一个叫孙叔敖的人，是一个躲到山林中的隐士，楚庄王请他出山，当了令尹，令尹就是楚国的宰相。孙叔敖当了令尹以后，带领人民开垦荒地，奖励生产,他还组织楚国人开辟河道,能灌溉成百万亩庄稼,每年多收了不少粮食。没几年工夫,楚国更加强大起来,先后平定了郑国和陈国的两次内乱,终于和中原霸主晋国展开了争霸之战。

三、问鼎中原

楚国国力强盛了,楚庄王熊侣争霸中原的雄心越来越坚定,当时,中原国家以晋国实力最强,它西边仰制着秦国,东边阻挡着齐国,南边压制着楚国。但是,随着晋襄公姬欢去世,晋灵公姬夷皋继位,晋国出现了内乱。

姬夷皋是一个性格残暴的人,他在高台上用弹弓打行人,自己躲在一边看行人被打后痛苦的样子,大臣们多次劝他,他就是不听,还设法杀害大臣。晋国因此陷入内乱之中,这正好给楚庄王熊侣提供了机会。

这一年,居住在洛阳附近的戎族陆浑国发生战乱,楚庄王熊侣迅速带兵北上,攻打陆浑国,在平定陆浑戎后,他率领大军,在周朝的国都雒邑郊外,举行阅兵仪式。

　　因为楚国一直被中原各国视作蛮夷，遭到周朝蔑视，周朝还几次派兵攻打楚国。所以，这一次，楚庄王熊侣就是要给周朝和天下诸侯展示楚国的实力，楚国可以消灭周朝，独得天下。

　　即位不久的周定王姬瑜吓坏了，赶忙派大夫王孙满去慰劳楚庄王，同时探听楚国的用意。

　　王孙满是一位有心计有能力的大臣，他见到楚庄王。楚庄王问他："周天子的九鼎有多大？有多重？"

　　九鼎是夏朝初年，大禹帝划分天下为九州，铸造九鼎，象征九州，将九州的名山大川、奇异物产，镌刻于九鼎上。九鼎就成为王权至高无上、国家统一昌盛的象征。

　　夏朝、商朝、周朝三代都把九鼎作为传国之宝。楚庄王问鼎，就是要挑战周朝的王权。

　　王孙满听了笑笑说："一个国家的兴盛与灭亡，不在乎鼎的大小轻重，而在乎这个国家有没有道德。"

　　楚庄王听了生气地说："你不要认为周朝有九鼎就了不起，楚国如果折下战戟（jǐ）的锋刃，取下上边的青铜，就

九鼎图

可以铸成九鼎。"戟是一种用青铜打造的武器,楚庄王说楚国战戟上的青铜就可以打造九鼎,是想告诉王孙满,楚国士兵的数量众多。借此来吓唬王孙满。

王孙满平静地答道:"九鼎是大禹帝制造的,后来经过夏、商两代,传到周朝,周朝现在虽然已经不够强大,但是天命未改,周朝依然是天下各国的共同主人,九鼎的轻重,大王你还不能随便过问啊!"

楚庄王见说不过王孙满,又担心攻打周朝会遭到天下诸侯联合进攻,不得不带兵离开。

"问鼎中原"这个词,后来发展成一个成语,比喻企图夺取天下,也比喻争取夺冠。

四、饮马黄河

过了几年,楚庄王决定带领军队与晋国决战。于是,他命令令尹孙叔敖带领中军,自己的弟弟熊婴齐带领左军,另一个弟弟熊侧带领右军,楚庄王亲自率领楚国全部精锐部队,开始北上。

楚军首先将郑国团团围住,郑襄公郑坚一面派人给晋国报信,请求救援,一面带领军队守城。楚国军队围困郑国17天,城里没有了粮食,也等不见晋国军队来救援,郑坚就准备求和。但是有人说,如果求和,郑国必然灭亡,不如与楚军展开巷战,也可能保住郑国。郑国百姓听说要放楚军进城,展开巷战,全国老百姓都大哭起来,但是,人人都非常勇敢，纷纷拿起武器，准备与楚军血战到底。但是，郑国必定是小国，楚国是大国，人数相差过分悬殊，经过长达三个月的激战，楚军杀死了大部分郑国人。郑襄公没有办法，只好光着上身，向楚军请罪求和。楚庄王同意郑国讲和，但是，郑国必须和楚国成为盟国，帮助楚国进攻晋国。郑坚答应了，于是，楚军后退三十里。

孙叔敖，选自《清刻历代画像传》

郑国和晋国都是姬姓封国，有近亲关系，楚庄王的目的，就是占领郑国，逼晋国出兵援救，然后，消灭晋军。

就在郑国军队英勇抵抗楚军的时候，晋国的大臣却在忙着瓜分利益，没有人做主救援郑国，直到郑国城池被攻破，开始和楚军巷战，晋国大臣们才停止争论，决定出兵与楚军作战。

于是，晋国正卿荀林父率领晋国几乎全部主力部队南下。荀林父是个十分谨慎的人，他得知楚军十分强大，就命令军队在黄河北岸驻扎。

这时候，郑国和楚国议和结盟的消息传来，晋国大臣们才遗憾时机已过，荀林父就想领兵回国。但是，大将先谷反对说："晋国之所以能够称霸，是由于将军尽力，士兵勇敢，现在遇上敌人却不敢作战，这是不尽力；大敌当前却害怕，这是不勇敢。"

先谷二话不说，就带领自己率领的军队渡过了黄河。荀林父听说先谷带兵过河，只好带领全军跟上。

楚庄王见晋国大军渡河，也有些胆怯，就征询将军们的意见，孙叔敖主张和晋军讲和，但是，将军伍参主张作战。伍参说："晋国主帅荀林父刚刚上任，大家都不听他的；他的副手先谷刚愎（bì）自用。他们军队里矛盾重重，主帅根本无法调动。所以晋军必败！况且敌人的主帅只是一个大臣，而我们的主帅却是君主，君主带领的军队如果遇见大臣率领的军队而逃避，这是奇耻大辱呀！"

"刚愎自用"这个成语就出自这里。"愎"，是任性的意思,"刚愎",就是指强硬固执;"自用"就是自以为是。"刚愎自用"指的是十分固执自信,不考虑别人的意见。

伍参对晋国的分析,切中了晋国要害,而且,他说先谷"刚愎自用",也说到点子上。

楚庄王听完,决定和晋国军队决战,他传令孙叔敖继续向北进军。

晋军将领们却四分五裂,意见不一致。这时,哨兵报告,楚军已不宣而战,逼近晋营。晋军面对楚军排山倒海般的攻势,仓促之间,荀林父不知所措,慌忙下令撤军。

晋国大军慌忙向北撤退,逃到黄河岸边,抢夺船只逃命,士兵争先恐后上船,有先上船的,担心船上人太多,会压翻战船,就砍断后来攀着船舷士兵的手指,真是惨不忍睹。

到了傍晚,晋军的残兵败将溃不成军,还在喧嚷中撤离,楚庄王下令停止进攻。

大战结束,尘埃落定,楚军大胜,晋军惨败。楚庄王没有乘胜追击,而是带领楚国将士饮马黄河。

真是"三年不鸣,一鸣惊人,三年不飞,一飞冲天!"

五、称霸中原

楚庄王在打败晋国之后,又和宋国进行了惨烈的战争。楚国以强大军队围城,但是,宋文公子鲍带领军民坚守城池,城内已是饥寒交迫,人民饿死无数,但是,宋国军民无一人投降。

到了第二年五月,楚国军队依然攻不下宋国。楚军也非常疲惫。一天夜里,宋国将军华元带少数人突围,趁黑夜潜入楚国军营,楚国大将熊侧喝得大醉,正在睡觉,被华元劫持。华元告诉熊侧,宋国已经很久没有粮食了,宋国百姓易子而食,但是,决不投降。熊侧说,楚国也没有多少粮食了,只能坚持几天。最后,华元劝楚国退兵,熊侧答应了,并和华元盟誓,华元才离开楚国军营。后来,熊侧将被华元劫持的事情告诉楚庄王。楚庄王面对宋国军民誓死抵抗的决心,也觉得很吃惊。他担心军队久在国外,国内田地无人耕种,势必造成饥荒。最后,楚国退兵了。

楚宋之战长达九个多月,战况惨烈,宋国军民英勇抗敌的精神,让天下人敬仰,华元的勇气和胆量被世人称赞。楚国虽然没有打下宋国，但是，楚军强大的军事实力让中原各国胆战心惊。楚庄王已经替代晋国，成为天下霸主了。

六、人亡霸灭

公元前591年，英雄一生的楚庄王突然病重而死，年仅十岁的太子熊审继承国君之位，就是楚共王。

楚共王熊审时代，楚国贵族大臣之间斗争激烈，楚国从此衰败，很快被重新崛起的晋国反超。晋悼公姬周又成为诸侯盟主。楚国此后陷入长久的权利争斗，差一点被吴国消灭。楚国永远退出了争霸的行列。

吴王阖闾

一、吴国来历

周文王姬昌的爷爷周太王有三个儿子,老大叫做姬泰伯,老二叫做姬仲雍,老三叫做姬季历。周文王姬昌是老三姬季历的儿子。

姬昌小时候非常聪明,而且很善良,周太王非常喜欢他。周太王想把王位传给姬昌的爸爸姬季历,好在姬季历之后传给姬昌。但是,姬季历是小儿子,按照当时的规矩,王位首先应该传给年龄大的孩子。

老大姬泰伯和老二姬仲雍看出了父亲的心思,他们决定,放弃继承王位的权利,利用一次外出采药的机会,逃到了江南，后来建立了一个国家，叫做句（gōu）吴古国。姬泰伯当上了国王。

后来，姬泰伯死了，他没有儿子，姬仲雍继承了王位。又过了几十年，姬昌的儿子周武王姬发带兵推翻了商朝，建立了周朝。姬发派人寻找自己的两个太爷爷的下落，最后，找到姬仲雍的第六代孙子姬周章，就把他封为吴王。吴国就是这样建立起来的。吴国大部分土地在今天江苏省一带。

二、姬光夺权

到了春秋时代，吴王姬寿梦带领吴国逐渐变得强大起来。

姬寿梦有四个儿子，依次为姬诸樊、姬馀（yú）祭、姬馀眜（mèi）和姬季札。

姬寿梦死后，他的四个儿子轮流继承王位。据说最小的姬季札本事最大，品德最好，但是，他不愿意做国王，吴王就由他的三个哥哥轮流做。按理说，姬馀眜死后，王位应该传给老大姬诸樊的儿子，但是，姬馀昧却把王位传给了自己的儿子姬僚，这样，姬诸樊的儿子姬光就怀恨在心，梦想夺回王位。

姬光暗中招收许多有才能的人和刺客，准备刺杀吴王姬僚，夺回王位。

姬光是一个非常聪明能干的人，他表面上一切听从吴王姬僚的号令，带领吴国军队，几次打败楚国和蔡国军队，而暗中将从楚国逃来的伍子胥等人招致麾(huī)下。伍子胥给姬光引荐了刺客专诸。

有一次，吴王姬僚派军队进攻楚国，姬光利用吴国国

专诸刺吴王僚，汉代画像石，山东嘉祥武氏祠

内空虚的机会，在吴王姬僚的庆功宴会上，派专诸刺杀姬僚。专诸将宝剑藏在鱼的肚子里，趁上菜的机会，刺死了姬僚。这就是历史上著名的"专诸刺王僚"的故事。

姬光夺取吴国王位。因为他的号叫做"阖（hé）闾（lú）"，或者"阖庐"，历史上把他称为"吴王阖闾"，或者"吴王阖庐"。也有人说，"阖闾"和"阖庐"，是古代吴国人对"光"字的不同发音。

三、螳螂捕蝉，黄雀在后

阖闾当上了吴王，吴国当时面对两个强大的敌人，一个是西面的楚国，另一个是南面的越国。阖闾知道，要让国家强大的唯一办法，就是任用人才。他任用了从楚国逃难来的伍子胥和伯嚭（pǐ），认真听他们的建议。经伍子胥推荐，大军事家孙武也来到吴国，阖闾亲自召见孙武，与孙武讨论国家的军事问题，孙武献出了自己的军事著作兵法十三篇，也就是我们国家最伟大的军事著作《孙子兵法》。吴王阖闾读了很高兴，就拜孙武为将军。

吴王阖闾鼓励人民大力发展生产，吴国慢慢富裕强盛起来。

这时候，阖闾觉得消灭楚国的时机到了，他想出兵攻打楚国，但是大臣们都认为，攻打楚国，身后的越国会趁机进攻吴国。但是，吴王阖闾正在兴头上，任由大臣们怎样劝阻，他就是不听，执意要进攻楚国。他拔出寒光闪闪的宝剑大声说："我已经决心进攻楚国，谁再敢劝阻，我就把他碎尸万段！"吓得大臣们再不敢开口了。

吴宫教战（孙武），选自（清）马骀绘《历代名将画谱》

王宫里有个年轻的卫士，也认为出兵必然失败，他想劝阻吴王，但是，自己身份低下，根本和吴王说不上话，于是，他就想到了一个主意。

一天，他走进王宫的花园里，手里拿着一把弹弓，四处转了几天，露水把他的衣服都打湿了。吴王见了，觉得很奇怪，就把卫士叫到跟前，问："你为什么老在花园里走来走去，把衣服都搞湿了，干什么呢？"

年轻的卫士低着头回答说："报告大王，我是在观察一件有趣的事，在花园里有一棵树，树上有只蝉，它在树的高处喝着露水并且得意地歌唱，却一点儿也不知道有只螳螂藏在它的后边，弯着身子，举着爪子，准备扑上去吃它。那只螳螂光顾着去捕蝉，它也没有想到，在它的身后还有一只黄雀，正悄悄地伸长脖子想去吃那只螳螂。那只黄雀更想不到，我正拿着弹弓，对着它瞄准，准备打死它呢！"

吴王笑道："确实很有意思。"

卫士继续说："大王，蝉、螳螂、黄雀只想到它们眼前的利益，却没考虑到隐藏在身后的危险啊！"

吴王恍然大悟，原来卫士在用寓言来劝自己不要进攻楚国。他笑笑说："你讲得很有道理。"于是取消了攻打楚国的计划。

四、吴楚争霸

过了几年,吴国越来越强大,楚国却因为内乱不断衰败。这时候,孙武、伍子胥都认为可以进攻楚国了。

吴王阖闾与孙武、伍子胥、伯嚭率军攻打楚国,夺取了楚国的舒邑,杀死了逃到楚国来的吴王姬僚的弟弟姬烛庸和姬掩余。吴王阖闾谋划攻入楚国的都城郢(yǐng)都。孙武说:"我们的军队太疲劳了,暂时不能攻打郢都,要等待时机。"于是,阖闾就命令军队停止进攻,回到吴国。

过了几年,楚国派大夫熊囊(nāng)瓦率军攻打吴国。阖闾派兵还击,打败楚军,阖闾询问伍子胥和孙武说:"当初你们说不能攻打郢都,现在行不行呀?"

孙武回答说:"楚国大将熊囊瓦贪婪,唐国和蔡国的国君都恨他。大王您如果要想彻底打败楚国,必须联合唐国和蔡国才能成功。"

于是,吴王阖闾听从他的计策,出动全部军队,与唐国、蔡国一起进攻楚国。

三国联军来到汉江边上。楚国也出兵对抗，双方军队隔着汉江列阵。

吴王阖闾的弟弟姬夫概急着进攻楚军，派人报告阖闾，但是阖闾不允许。

姬夫概道："孙武说'将在外，君命有所不受'。大王已把军队交给我，我就要抓住有利时机，打胜仗，还等什么？"

姬夫概带领部下五千多人突然袭击楚军，楚军大败而逃。吴王阖闾随后命令全军追击楚军，一直追到楚国都城郢都，又与楚军交战五次，把楚军彻底打败了。楚昭王熊壬（rén）赶忙逃出郢都。吴军占领了郢都。吴王阖闾称霸天下。此后，他又南下进攻越国，几次打败了越国，成为一代霸主。

五、槜李之战

就在吴国和楚国争霸的同时，南面的越国越来越强大。吴王阖闾带领军队，进攻越国，越王勾践带兵在槜

（zuì）李抗击吴军，这就是历史上著名的"槜李之战"。

越王勾践是一个善于用兵的人，他派遣敢死队向吴军挑战，三次冲向吴军，都被打败了。最后，勾践让犯死罪的犯人走到吴军阵前，拿着剑自杀。吴军只顾观看这种奇怪的现象，而放松防备，越军趁势攻击，在姑苏打败吴军。越国武将灵姑浮用戈攻击吴王阖闾，砍掉阖闾的脚拇指。阖闾受伤，被迫撤退。后来因为伤势过重而死，安葬在苏州虎丘山上。

临死前，阖闾立太子姬夫差为吴王，他对姬夫差说："你会忘记勾践杀死了你的父亲吗？"

姬夫差回答说："不敢忘"。

姬夫差即位后，在太湖之中打败越国，攻入越国都城会（kuài）稽（jī），终于为父亲阖闾报了仇。

越王勾践派人向吴国求和，伍子胥认为不能答应，要求灭掉越国以除后患，但吴王夫差却答应越国求和。

这时，吴越两国的争霸战才正式拉开序，接下来我们会在越王勾践的故事中继续讲述吴越之间的战争故事。

越王勾践

一、越国建立

大禹帝在南巡途中,死在会(kuài)稽(jī)山中。到了夏朝,姒少康打败夺取政权的寒浞(zhuó),光复了夏朝,姒少康就封自己的小儿子姒无余到会稽祭祀大禹。

姒无余的子孙在会稽繁衍了一千多年,经历了夏、商、西周三代,到了春秋时期,他的第二十代子孙姒允常继位。姒允常是一个非常有才能的人,他发展经济,扩大军队,实力不断增强。姒允常自称越王,建立了越国。

越国疆土大部分在今天浙江省境内。

二、吴越战争

吴国和越国是两个相邻的国家，由于争夺土地和人口，不断发生矛盾。在北方大国晋国和楚国的争霸战中，吴国和越国也处于两个敌对阵营。吴国和晋国结盟，越国和楚国结盟。所以，吴、越两国一直处于敌对状态。

吴国在吴王阖闾时期，国力强大，称霸天下，越国不得不和吴国结盟，但是，当吴王阖闾出兵进攻楚国的时候，越国却不愿意派兵出征，吴王阖闾在打败楚国之后，开始讨伐越国。

吴王阖闾派将军孙武和伍子胥带兵进攻越国，越王姒允常也带兵北上，双方在槜（zuì）李这个地方展开大战。常胜将军孙武一战就将越军打得狼狈不堪。姒允常只好带兵逃走。吴国将越国的财产抢劫一空，获胜而去。

姒允常打了败仗，他没有忘记报仇雪恨，但是，过了不久，姒允常因病而死，他的儿子姒勾践继位。

三、槜李之战

姒勾践刚刚当上越王，吴王阖闾听说姒允常死了，就再次出兵进攻越国。姒勾践也带领全国军队，北上抵抗吴军。双方再一次在槜李这个地方摆开阵势。

越王勾践先发动三次冲锋，都被吴军打败逃回。姒勾践又派出犯了死罪的罪犯，组成敢死队，向吴军挑战，敢死队员排成三行，冲向吴军阵地，大呼大叫着自杀身亡。吴兵看得目瞪口呆，越军趁着吴军还没有弄清是怎么回事的时候，全军冲过来。吴军大乱，吴王阖闾与越王勾践大战，被勾践砍伤脚拇指。吴王阖闾受伤，在士兵们的保护下，逃回吴国。

吴王阖庐由于伤势过重而死，他的儿子姬夫差继位。

四、夫椒之战

姬夫差当上吴王，他下定决心要替父亲报仇雪耻。伍子胥安排人,每天站在姬夫差路过的地方,见了姬夫差就大声叱问:"姬夫差,你忘了杀父之仇了吗?"姬夫差大声回答:"我没有忘。"

姬夫差催促军队加紧训练,为消灭越国做准备。

越王姒勾践听说吴王夫差要替父报仇,进攻越国,就想先发制人,进攻吴国。姒勾践不顾大夫范蠡(lǐ)等人的劝阻,带领军队,进军吴国。

吴王夫差得知越军北上,就动用全国最精锐的部队迎战,他亲自带兵,和将军孙武、大夫伍子胥、太宰伯嚭(pī)等人各自率军迎敌。孙武提前布置好作战方

吴王夫差矛,湖北省江陵县5号墓出土

案,把越军水军引入太湖之中一个叫做夫椒的小岛上。越军进入埋伏,吴军发起总攻,越军被彻底打败了。越王勾践只带了五千人马,逃回会稽。

吴军乘胜追击,包围了会稽。

姒勾践被困在会稽,长吁短叹说:"我难道要死在这里吗?"

大夫文种赶忙劝他说:"过去,商汤被囚禁在夏台,周文王被关押在羑(yǒu)里,晋文公姬重耳逃难到翟国,齐桓公吕小白避难到莒国,他们最后都称王称霸了。这样看来,我们今天的处境也是磨炼我们的好事。"

姒勾践又对范蠡说:"因为没听你的话才落到这个地步,现在该怎么办?"

范蠡回答说:"这个时候,只有低下头,给吴王送去厚礼,再低三下四地去求吴王,让吴王饶你不死,如果吴王不答应,你就去给吴王当人质,亲自前去事奉他,把自身也抵押给吴国。只要保住性命,再图东山再起。"

姒勾践无奈地说:"也只能这样了!"

于是,姒勾践就派能言善辩的文种去向吴王求和。

文种跪在地上,用膝盖边向前走边叩头。苦求说:"亡国之臣姒勾践让我向大王请求,姒勾践请您允许他做您的奴仆,允许他的妻子做伺候您的丫鬟(huán)。"

吴王夫差是一个优柔寡断的人,他就想答应文种的请求。

伍子胥对吴王说:"不要答应他,这是消灭越国替先王报仇的好机会,老天爷把越国赏赐给吴国,一定消灭勾践,占领越国。"

吴王就没有答应文种。

文种回到会稽,把吴王夫差的话告诉了姒勾践。姒勾践想杀死妻子和儿女,焚烧宫殿和珠宝,亲自到战场与吴王夫差拼命。

文种阻止勾践说:"我听说,吴国的太宰伯嚭,是一个十分贪婪好色的人,我们可以给他送去金银珠宝和美女,请他暗中替你说话,帮助越国。"

于是,勾践便让文种给伯嚭献上美女和珠宝。伯嚭高兴地接受了。伯嚭又把文种引见给吴王夫差。

文种对着姬夫差叩头说:"请求大王能赦免姒勾践的罪过,我们越国将把世传的宝器全部送给您。万一大王不答应,姒勾践将把自己的妻子儿女全部杀死,烧毁宫殿和珠宝,率领他的五千名士兵与大王决一死战,到时候,大王也会付出代价。"

伯嚭劝说吴王夫差说:"越王已经服服贴贴地当了臣子,如果赦免了他,天下人都会赞美大王的仁义。"

吴王又要答应。

伍子胥说:"今天不消灭越国,将来必定后悔莫及。姒勾践是个聪明的君主,文种、范蠡都是有才能的大臣,如果姒勾践能够返回越国,必定会重新进攻吴国。"

吴王夫差不听伍子胥的劝告,答应赦免越王勾践,但是,勾践必须到吴国去当奴隶。

文种回去向姒勾践报告。姒勾践就把国家大事交给文种管理,自己带着夫人和范蠡到吴国去。

姒勾践到了吴国,吴王夫差让他们夫妇俩住在吴王阖闾坟墓旁的一间石屋里,天天祭拜忏悔,又叫姒勾践给他喂马,范蠡做奴仆。夫差每次坐车出去,姒勾践就赶快给他拉马套车,充当马夫。

有一次,吴王夫差生病了,姒勾践毛遂自荐,说自己能治吴王的病,可是吴王夫差不让勾践接近他,姒勾践只能尝夫差的屎来治病,果然,夫差的病被勾践治好了。

这样过了两年,吴王夫差认为姒勾践真心归顺了他,就放勾践回到越国。

五、卧薪尝胆

勾践回到越国后，决心报仇雪耻。他怕自己安于享乐，变得懒惰了，就每天睡在柴草堆里。他怕自己头脑不清，忘记仇恨，就把动物的苦胆挂在身旁，经常用舌头去尝。成语"卧薪尝胆"就是从这里来的，形容刻苦自励，发奋图强。

勾践亲自耕种，夫人亲手织布，他们吃饭从来不吃有肉的荤菜，穿衣从来不穿两层华丽的衣服。他们对有本事的人彬彬有礼，热情招待。对穷人救济慰问，对死去的人悼念哀伤。

勾践艰苦奋斗，几年后，赢得了越国老百姓的支持和拥护。越国也积累了一些财富。勾践又想重整兵马。

大夫逢（páng）同劝阻说："我们国家刚刚失败，今天才又开始富裕，如果我们整顿军马，吴国一定会察觉，灾难必然会再次降临。凶猛的大鸟袭击目标时，一定先把自己隐藏起来。现在,吴军正在四处争霸,吴王夫差骄横狂妄。齐国、楚国、晋国都不满意吴国。我们应该结交齐国,亲近楚国,归附晋国,厚待吴国。吴国想称霸天下,喜欢战争,我们可以联合其他三国的势力,让他们去攻打吴国,越国便趁机可以消灭吴国了。"

她勾践说:"好。"

过了两年,吴王夫差要讨伐齐国。

伍子胥劝阻说:"现在吴国最大的敌人是越国。我听说勾践吃饭,从来不炒两样好菜,与百姓同甘共苦。这个人不死,就是吴国最大的威胁。而齐国并不是我们真正的敌人。希望大王放弃攻进齐国,先彻底消灭越国。"

吴王夫差不听,就要出兵攻打齐国,在艾陵这个地方,打败齐军。夫差回来,责备伍子胥不该阻止自己,不料,伍子胥说:"大王不要高

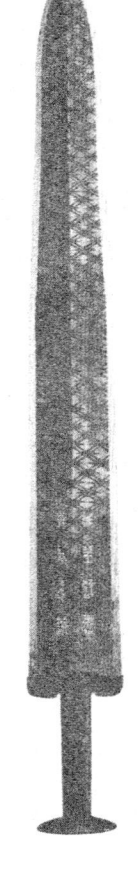

越王勾践剑,湖北省江陵县望山1号墓出土

兴得太早!"吴王很生气,从此讨厌伍子胥。

伍子胥说:"大王不听我的话,再过三年,吴国将会被越国消灭,变成一片废墟!"

太宰伯嚭听到这话后,就对吴王说:"伍子胥表面忠厚,实际很残忍,君王上次想攻打齐国,伍子胥反对,后来您作战有功,他反而因此责备您。您不防备他,他一定会谋反。"

攻吴王夫差鉴

吴王夫差就派人赐给伍子胥一把剑让他自杀。伍子胥自杀身亡。

第二年春天,吴王夫差到黄池会合诸侯,吴国的精锐部队全部跟随而去,只有老弱残兵和太子留守在吴国。

勾践抓住机会,率领军队进攻吴国。越军攻入吴国首都,杀死吴国太子。

吴国士兵赶快向吴王夫差告急，吴王派人带上厚礼与越国求和。越王勾践估计自己也不能灭亡吴国，就与吴国讲和了。又过了四年，越国又攻打吴国。吴国精锐士兵都在与齐国、晋国交战中死去。越国包围吴都三年，最后，又把吴王夫差围困在姑苏山上。

吴王夫差派公孙雄脱去上衣，露出胳膊跪着前行，请求与越王讲和。范蠡说："当年，在会稽，是上天把越国赐给吴国，吴国不要。今天是上天把吴国赐给越国，越国难道可以违背天命吗？再说大王你多少年来，卧薪尝胆，不是为了消灭吴国吗？"

勾践说："我听从您的建议。"

范蠡就鸣鼓进军，吴王夫差就挥剑自杀了。

越王勾践安葬了吴王，杀死了太宰伯嚭。此后，他又出兵向北渡过黄河，在徐州与齐国、晋国等诸侯会合，向周王室进献贡品。

越王勾践离开徐州，渡过淮河南下，把淮河流域送给楚国，把吴国侵占宋国的土地归还给宋国。把泗水以东百里的土地给了鲁国。当时，越军在长江、淮河以东畅行无阻，诸侯们都来庆贺，越王号称霸王。

六、兔死狗烹，鸟尽弓藏

越国打败吴国，越王勾践报仇雪耻。这时候，大夫范蠡却悄悄离开了越国。范蠡到了齐国，给大夫文种写了一封信，信上说："狡兔死，走狗烹。飞鸟尽，良弓藏。"他的意思是说，狡猾的兔子死了，用来追捕兔子的狗，就没有用了，就会被杀掉煮肉。天上飞的鸟没有了，用来射鸟的好弓也就用不着了，就会被藏起来。成语"兔死狗烹，鸟尽弓藏"就出自这里，指一个人失去了利用价值，就会被杀掉或者落个悲惨的下场。

范蠡，明人绘

范蠡还在信中说："以勾践这个人，脖子特别长，嘴像鹰的嘴,这种人,只能与他一起共患难,不能与他一起享快乐。"范蠡劝文种赶快离开。文种就假装有病,准备逃走。这时候,就有人说文种要谋反,姒勾践就派人给文种送去一把剑,逼他自杀。文种于是自杀而死。

越王勾践在国破家亡的时候,能够忍受屈辱,卧薪尝胆,重新使国家振兴,是我们应该学习的。一个人在困难的情况下,不要自暴自弃,应该更加努力,才能挽救自己。但是,姒勾践报仇成功后,却杀掉有功劳的人,是应该受到谴责的。

伍子胥

一、飞来横祸

　　伍员是楚国人，姓芈，伍氏，名叫员，字子胥。

　　伍员的爸爸名叫伍奢，是楚平王熊弃疾的儿子太子熊建的老师，太子的老师当时叫做太子太傅。这时候，太子还有一个地位比较低的老师，叫费无忌，是太子少师。

　　有一年，楚平王熊弃疾要和秦国联姻，就让他的太子熊建娶秦国公主孟嬴为妻。熊弃疾派费无忌到秦国去迎接孟嬴。费无忌发现秦国公主孟嬴长得非常漂亮。他就告诉熊弃疾，秦国公主孟嬴长得多么美妙。最后，熊弃疾就娶了孟嬴，夺了太子的妻子。

费无忌担心太子怨恨自己,就想办法除掉太子,他对熊弃疾说太子要联合伍奢谋反,于是楚平王就决定杀了太子和伍奢。

太子熊建得到消息,立即逃跑了。伍奢被抓了起来。费无忌对熊弃疾说:"伍奢有两个儿子,一个叫做伍尚,一个叫做伍员,都很有本事,不杀会留下祸根。你让伍奢把他两个儿子招来,一起杀掉。"

伍子胥,选自《清刻历代画像传》

于是,熊弃疾派人对伍奢说:"你若将你的两个儿子招来可免你一死。"

伍奢说:"伍尚为人仁厚,召他一定会来。伍员为人刚烈,很有智谋,他一定不会来。"

楚平王派人,拿着伍奢的信,去找伍奢的两个儿子。

伍尚一定要去,他是孝子,父命不可违。但是,伍员却不愿意束手待毙,他要替父亲报仇雪恨。他拿出弓箭对准熊弃疾派去的士兵,士兵吓得后退,伍员趁机逃走了。

伍奢听说伍尚来送死,伍员跑了,就叹息一声说:"楚国从此不得安宁了"。

接着伍奢和伍尚都被杀了。熊弃疾一定要斩草除根,他下令官兵四处捉拿伍员。

二、风吹草动

伍员为了逃命,白天躲在丛林中,晚上出来赶路,他终于逃到了楚国的边境昭关。关上的官吏盘查得很紧。伍员因为出不了关而愁得睡不着觉,几天以后满头黑发全部变成了白色。

有一个叫做东皋公的人很同情伍员的遭遇,把他接到家里躲藏起来。东皋公有个朋友,长得有点像伍员,东皋公让他冒充伍员过关。守关的人以为已经抓住了伍员,就放开关门,伍员过了昭关。

伍员逃到一条江边，眼看江水滔滔，无法过去，这时候，江上一个渔夫划着小船，把他渡过江去。

到了对岸，渔夫见伍员饥饿难忍，就对伍员说："我回家给你弄些吃的来。"

伍员坐在岸边等候，忽然一阵清风吹来，芦苇和野草哗哗作响，伍员吓了一跳，以为是楚兵追来，慌忙躲进草丛里。仔细一看，原来是风在吹草在动。后来"风吹草动"就成了一个成语，比喻微小的变动，都会让人紧张。

渔夫让伍员吃饱。临别的时候，伍员取下腰中的宝剑，送给渔夫说："我这把宝剑价值千金，送给你，答谢你的救命大恩。"

渔夫说："楚王悬赏

剑赠渔父（伍子胥），
选自（清）马骀绘《历代名将画谱》

抓你，我只要把你交给他，就有花不完的赏钱，我救你不是贪图你的回报，难道会要你这宝剑吗？"

伍员说："请问你的大名，我日后图报。"

渔夫生气地说："我救你的性命，是仰慕你是位英雄，并不希望你什么报答，你又何必问我姓名呢，快走吧！"

伍员找到太子熊建，几个人一起跑到宋国，但宋国也发生夺权政变，他们又跑的郑国。太子熊建在郑国搞政变，事情败露，被郑定公杀了。伍员得到消息赶紧带着太子的儿子熊胜跑到吴国。

三、帮助阖闾

伍员到了吴国，吴王姬僚刚刚继位执政，他的侄子公子姬光做将军。伍员投靠公子姬光，等待时机报仇雪恨。

有一年，吴国和楚国边境上的两个女人，为了争夺养蚕的桑叶，打了起来了。吴王姬僚就派公子姬光，带领大军，讨伐楚国，打下了楚国的城市钟离、居巢，然后凯旋归来。从此，吴楚两国仇恨加深，进入战争状态。

伍员见吴军获胜，就急于报仇雪恨，他对吴王说，不如一举灭了楚国。但是公子姬光没有答应。伍员就带着他救下的公子熊胜，去开荒种地。他发现，公子姬光有行刺自己的叔父吴王姬僚的想法，他就把一个叫做专诸的勇士推荐给公子姬光。

后来，公子姬光利用专诸，刺死吴王姬僚，自己当上吴王，也就是大名鼎鼎的春秋五霸之一吴王阖闾。

阖闾继位后，感谢伍员推荐了专诸，就招他到宫里，封官加爵。

四、倒行逆施

这时候，楚国的情况也有变化，楚平王熊弃疾病死了。楚平王和孟嬴生下的儿子熊轸（zhěn），当了楚王，就是楚昭王。

吴王阖闾命令孙武和伍员训练军队。孙武是我们中国古代伟大的军事家，后世称为孙子。孙子和伍员带兵，不断攻打楚国,最后,终于攻克了楚国国都郢,伍员扒开了熊弃疾的墓,将熊弃疾的尸体,用鞭子抽了三百下,才算为父亲和哥哥报了仇。当年,陷害他父亲伍奢的费无忌,此时早已经被灭了三族。

伍员的好朋友申包胥看到伍员为报私仇而把自己的祖国灭了,还要在死人身上出气,就派人去对他说:"亏你还是楚国人,你太过分了!"伍员说:"吾日暮途远,吾故倒行而逆施之。"他的意思是说:"我已经老了,日子有限,我急于报仇,没有别的办法,只好做这样违背常理的事!"

后来,"倒行逆施"成为一个成语,比喻违背道义所做的事。

申包胥为了拯救楚国,来到秦国请求帮助,一开始,秦国不答应营救楚国,申包胥就在秦国的城墙外哭了七天七夜,不吃不喝,眼睛都流出血来,终于感动了秦国君臣。这件事在历史上称为"哭秦庭"。

秦哀公发战车五百乘(shèng),前来营救楚国。吴国只好退兵。

五、含恨死去

此后,吴国和南方的越国发生战争,吴王阖闾与越王勾践大战,被勾践砍伤脚拇指,不治而亡。死前,阖闾给伍员封官相国,嘱咐他辅佐太子。并拉着太子夫差的手说:"给爸爸报仇呀!"

夫差继位后,打败了越国,越王勾践投降。伍员认为应一举消灭越国。但是,吴王夫差却不忍心杀死已经投降自己的越王勾践,最后,他又听信另一个从楚国逃来的大臣伯嚭(pǐ)的话,说伍员有谋反之心,后来夫差赠剑令伍员自杀。

伍员死时非常愤慨,留下遗言,要家人在他死后把他的眼睛挖出来,挂在东城门上,他要亲眼看着越国军队灭掉吴国。吴王夫差听了,气坏了,命令把伍员的尸首用鸱夷革裹着抛弃于钱塘江中。

后来吴国果然被越王勾践所灭,夫差临死时,羞于在阴间见到伍员,用白布蒙住双眼,才举剑自杀。

伍员为了替父亲和哥哥报仇，忍受屈辱，不断奋斗，最后，终于达成心愿。他的事情告诉我们，一个人，要想做成一件事情，就要不断努力，不断奋斗，始终不忘开始的心愿。但是，伍员为了自己的仇恨，攻打自己的祖国，危害人民，却是要批评的。

老　子

一、出生之谜

老子这个人，充满神话和传奇色彩，就连他的爸爸、妈妈以及他的名字都扑朔迷离，让人觉得神奇。

老子的妈妈，据说姓理，是一位长得十分端庄美丽的女人，有一天，她到河边洗衣服，看见河里漂下来一颗李子，她就捡来吃了，回家不久就怀孕了。她竟然怀孕八十一年，生下一个男孩。这个孩子一生下来，头发胡子都是白的。妈妈看看说："怎么生下一个老头呀！就给他取名叫做'老子'吧。"

也有人说，老子是因为妈妈吃了李子怀孕的，他的爸爸就是李子,所以,他就姓李。

也有人说,老子长大几岁,指着院子里的一棵李树说:"我就姓李,这棵树就是我的姓。"

还有人说,"老"这个字,过去和"李"这个字是一个字,所以,老子也可以叫做"李子"。

李老君,选自《清刻历代画像传》

老子的名字叫做"耳",也叫作"聃(dān)"。有人说,这是因为,老子生下来,他的耳朵太大了,一直垂到肩膀上,所以,就叫做"耳",也叫做"聃","聃"就是耳朵很长,而且下垂的意思。

总的来说,老子姓李,名字叫作耳,也叫作聃,他的字叫做伯阳。因为他的思想太伟大,也太神奇,大家都不知道该怎样来敬仰崇拜他,就给他编了许多虚幻的故事,让他变成了一个充满传奇色彩的人。

二、天生英才

李耳从小就非常聪明,智慧超过一般的孩子,他不关心吃穿玩耍这些小事情,却对天上的日月星辰、治理国家、战争胜败、祭祀天地、算卦占卜这些事非常感兴趣。家里请来教他读书的老师,没有一个能教得了他,因为,他们的学问,都没有李耳高。

没有人能教得了李耳,这让李耳的妈妈非常发愁,这时候,有人说:"听说有一个老师闻名天下,他叫商容,精通天下所有的学问。但是,他挑选学生非常严格,如果学生智慧不高,或者不爱听讲,他就会转身离去,不知能不能请他来教李耳。"

李耳的妈妈听了这话,就决定带着李耳去请商容。

他们走了很远的路,最后,终于见到了商容。

商容看着这个满头白发,头大额圆,大耳垂肩的小孩非常好奇,他仔细看看李耳,认定李耳是天下难得的奇才，就决定把自己所有的学问，教给李耳，他跟随李耳和妈妈，来到李耳家中。

商容开始教李耳读书识字，可是，他教的字，李耳都认识，于是，商容就开始教李耳天地大道和治理国家。

一天，商容对李耳讲："在天地之间，人是最尊贵的。"

李耳马上问："老师，什么是天呀？"

商容回答说："天就是头顶上清清的东西呀。"

李耳又问："那么清清东西又是什么呢？"

老师说："清清的东西，就是天空呀。"

李耳问："天空上面，又是什么呢？"

商容回答说："天空上面，是更清的东西。"

李耳还是皱着眉头问："再往上又是什么呢？"

商容回答不上来，就说："过去的老师没有教我，书上也没有说，所以我也不知道。"

到了晚上，李耳又把这些问题问他的妈妈，妈妈也不知道。于是，他就抬着头，整夜望着天空，看着天上的星辰，彻夜不睡觉，考虑这些问题。

过了几天,商容老师又讲课说:"宇宙之中,有天地和人类。天有天的运行规律,地有地的运行规律,人有人的生活规律。天有天的运行规律,日月星辰才能在天上存在;地有地的运行规律,山川江海才能在大地上分布;人有人的生活规律,才能区分尊贵的人和卑贱的人,年老的人和年轻的人。每一个物质都有自己的性质,所以,每一个物质才有长短的区别,软硬的不同。"

李耳问道:"日月星辰是谁放到天上的?山川江海又是谁排列到大地上的?人的尊贵与卑贱,年长与年轻,又是谁规定的呢?物质的长短、软硬,又是谁划分的?"

商荣说:"这些都是神决定的。"

李耳问:"神凭什么可以决定这些事呢?"

商容回答说:"神可以变化,它有制造万物的本领,所以,它能做到。"

李耳问:"神的本领又是谁教给它的?神的能力是什么时候学会的?"

商容回答不上来,只好摇摇头。于是,李耳就对着天空发呆,思考这些问题。

又过了几天，商容老师又讲课说："国王是代表天来统治人民的，人民必须听从国王的统治。如果国王不按照天的意思办事，国家就要动乱了；人民如果不服从国王的管理，就是犯罪呀。"

李耳马上问道："既然国王是替天来管理人民的，他怎么会不按照天的旨意办事呢？天神既然能创造世界上的一起，他为什么不创造听话的国王呢？"

老子观井，
选自（清）马骀绘《古今人物画谱》

商容无法回答。夜晚，李耳把自己的想法告诉母亲，母亲也无法回答。李耳感到很疑惑，他就到处求教本地的有名人士，但是，跑遍各地，依然没有人能回答他的问题。

还有一天，商容老师讲课说："天下的事情，人和人之间，互相友好和睦是最重要的。如果人和人之间不友好和睦，就会打仗。打仗就会互相残杀，互相残杀的双方都会受到伤害，大家都没有好处，只会有害处。做人对别人好，别人就会对你好，你害别人，别人也会害你。"

李耳问道："天下人互相打仗，互相伤害，国王为什么不管呢？如果国王管不了，神为什么不管呢？这个世界不是神创造的吗？他为什么也管不了？"

商容无法回答。李耳对这些事情非常感兴趣，他不断请教，但是，都没有答案。

商容教李耳三年，有一天他对李耳的妈妈说："我教李耳三年，我所学的知识都教完了，实在没有可以再教给他的了，我来告别。李耳这孩子是一块有待雕琢的美玉，他有远大的志向，但是，你的家所在的地方太闭塞，太落后了，我建议您把李耳送到周国的首都洛阳去，那里有很多有学问的人，也有许多书籍可以读。"

妈妈说："洛阳离这里很远，我就这一个儿子，怎能放心让他一个人外出，他才十三岁呀！"

商容说："我的师兄在洛阳，他是大周朝的太学博士,他学问很大,一生都在教育人才,我可以带李耳去见他。"

李耳的妈妈听完,虽然舍不得孩子离去,但是,为了李耳的前程,还是答应了。于是,李耳跟随商容来到洛阳。

三、孔子求教

李耳来到洛阳,拜师学艺,不知不觉,过了几十年,他的学问不断增加,他的知识越来越广泛深刻,后来,老师推荐他到图书馆工作,图书馆里的书籍垒得像山一样高,李耳每天读书,思考天地宇宙和人类的问题,最后,成为天下最有学问的人。

李耳的名气大了,当时,人们把有学问的人尊称为"子",就是先生的意思,李耳因为是天下最有学问的人,大家都称他"老子"。

这时候,天下还有一个有学问的人,叫做孔丘,被人称为"孔子",孔子比老子小二十几岁,住在鲁国,离洛阳很远,但是他也听说了老子很有学问,他就决定到洛阳去向老子请教。

于是，孔子带着他的学生南宫敬叔，带着一个书童和一个车夫，驾着一辆马车，千里迢迢到洛阳来了，于是，我们中国古代最伟大、最有学问的两个人相见了。

老子很喜欢孔子，因为孔子谦虚好学，懂得礼仪。老子一方面解答孔子的疑问，又带着孔子拜见当时在洛阳的有学问的人，带孔子参观各个有名的地方。孔子在洛阳居住了一段时间，最后，他要回鲁国去了。

孔子临别的时候，老子亲自来送行，两人依依惜别。

老子说："我们这次分别，不知还有没有再见面的日子，有钱人分别的时候，可以送给别人钱财，我没有钱，只能送给你几句话，作为临别的礼物。"

孔子赶忙作揖行礼，说："先生的话，比黄金美玉更为珍贵。"

老子说："在这个世界上，有许多人非常聪明，对事物的看法也很深刻，但是，他们的命运却非常悲惨，经常会被置于死地，你知道这是为什么吗？"

孔子说："请先生赐教。"

老子说:"那是因为他们自以为自己很聪明,就喜欢讥笑别人;有许多很会说话善于辩论的人,却经常引火上身,那是因为他们喜欢宣扬别人的短处,来表现自己的才华。"

孔子问:"请问先生,人该怎样做呢?"

老子说:"作为一个有学问的人,永远不要认为自己了不起,为国家担当重任;永远不要认为自己应该高高在上,要谦虚谨慎,虚心待人。"

孔子说:"弟子一定谨记在心!"

老子送孔子来到黄河岸边,看见黄河之水,浩浩汤(shāng)汤,向东流去。

孔子感叹说:"时间就像这黄河之水一样,不分白天和黑夜,在不断流逝,人生命的归宿到底在哪里呀?"

老子说:"人生在这个世界上,也就和这个世界融为一体。世界是大自然的产物,人也一样是大自然的产物。人的一生有幼年、少年、壮年和老年的变化,就好像大自然有春、夏、秋、冬四季交替一样。人生于自然,死于自然,一切随自然变化,不要乱了本心,奔忙于追求功名利禄之间。一个人如果把虚名看得太重,就会满怀焦虑;如果把利益看得太重,就会烦恼不断。"

孔子说:"我也并不把功名利禄放在心上,我只是看到今天的世界上,真理已经无法坚持,仁爱和道义已经没法实施,各个国家战乱不断,人民生活可怜可悲,我不能改变这个世界,不能救人民于水火,才感到焦虑万分。"

老子指着黄河之水说:"做人要学习水的品德。在这个世界上,水的品德是最美好的。"

孔子望着河水,老子继续说:"水对世界上所有的生命提供营养,但是,水从来不去争抢利益和荣光。水总是停留在人们都不愿意去的地方,这是水谦和,不把自己看得太高的品德。大江大河占据着峡谷和深渊,就是因为水永远不想高高在上,而愿意停留在低凹的地方,所以,大江大河才能宽阔无比,成为所有峡谷的王者;这世界上最柔和的就是水,但是能摧毁最坚硬东西的还是水,这是因为水柔和但是却有力量;所以,柔和的品德能够战胜坚硬,弱小的品德,能够战胜强大。因为水没有自私的欲望,所以能够到达任何地方。由这里,你就能看出不用多费口舌就能教化人们的方法，不用太费力气就能管理好国家的道理。"

孔子说："先生的意思是说，所有人都想处在高高在上的位置，只有水愿意停留在低下的地方；所有人都想去做没有危险的事情，只有水冲向万丈深渊；所有人都想生活在干净整洁的地方，只有水不怕肮脏。水总是去做所有人都厌恶的事情，还有谁愿意与它去争呀？这就是最美好最崇高的美德吗？"

老子点头说："是呀！与世人不争夺名利和利益，那么，天下的人，就没有人和你相争，这就是学习水的品德。水的品德是最接近于大自然无私奉献的真理，大自然对万物的奉献精神随处可见，而水在随时随地都对别的生命带来利益。水避开高高在上的地方，而朝着低处流淌，所以，它一路前行无所阻挡，这是水善于选择地形；水在细小的时候，干净明亮，但是，一旦汇成大河，就浩浩荡荡，难以看透，这是水善于团结聚集，让自己变得博大的品德；水常常奉献给别的生命，它自身虽然常有损失，但是，它永远不会枯竭，它给予别人却不求回报，那是因为水有仁爱之心。水遇上旋转的地形,就会旋转,遇上障碍,就自动分开,被高山大坝阻挡,就停止流动,一旦有出口,就会奔流到海。这些都是因为水最有诚信。水能把肮脏的东西清洗干净,能把高低不平的地方,荡成平地,这是它善于治理事物;水可以驮载物品让它们漂浮在水面之上,水面清清可以像镜子那样照出事物的容貌,水可以进攻坚强的东西力量强大势不可挡,这是水善于利用自己的能力与力量。江河日夜奔流,后浪推前浪,这是水善于在岁月中聚集力量。所以,有智慧的人,要根据不同的形势来做事,有品德的人,要根据事物的变化而变化;有智慧的人,不带任何功利目的去管理国家,通达的人顺应时代的要求决定进退。"

孔子听完,再三拜谢,说:"先生的教导,说出人生的最高智慧,我一定牢记在心。"

老子说:"你以后做事,在语言和外貌上要去除骄傲之气,不要把自己的志向和主张,时刻都表现在脸上。人还没到名声就到处传扬,身体还没到消息就到处传扬,过分张扬,搞得满城风雨,就像老虎走在大街上一样,谁还敢跟你亲近？谁还愿意与你共事？谁还愿意用你呀？"

孔子说："先生的话，弟子永远铭刻在心。"

孔子说完，含泪告别老子，与南宫敬叔上车，依依不舍地向鲁国而去。

回到鲁国，孔子的弟子们问："先生见到老子了吗？"

孔子答道："见到了！"

弟子们问："老子这个人怎么样呀？"

孔子说："鸟儿能飞，鱼儿能游，野兽能跑。会飞的鸟可以用箭射下来，会游的鱼可以用钩钓起来，会跑的野兽可以用网套住，只有龙，我不知道它会做什么？龙可以乘着风云飞上九天！我见到的老子，他就像龙一样，他的学问高深莫测，他的志趣高远难知，像龙那样随着不同时间伸缩，像龙那样随着时事变化。老子，是我真正的老师呀！"

四、函谷著书

老子后来在洛阳做了图书馆馆长。此时，周王室处于混乱时期,发生了王子姬朝叛乱,姬朝率兵进攻洛阳,周敬王姬匄(gài)赶忙向晋国求援,晋国出兵攻打姬朝叛军,姬朝战败,就携带着周王室图书馆的书籍文件逃往楚国。

老子作为图书馆馆长,却被叛军抢走了图书文件,王室要追查老子失职的责任,他可能要被处死。于是,老子就骑着一头青牛,逃离洛阳,他决定到秦国去避难。

老子,选自(清)马骀绘《古今人物画谱》

老子一路向西而行,所到之处,看见由于叛乱,四处的百姓都被杀害,田野里庄稼荒芜,村舍里没有人烟,老子非常伤心,他心里想:"战争是凶恶的,不是有品德的人喜欢的。战争是迫不得已才能使用的手段,要适可而止。那些打了胜仗的人,也不要沾沾自喜,对战争沾沾自喜的人，必然以杀人为快乐。一个有品德的国王，就不能以战争在天下争强。战争爆发，必然四处一片萧条，必定是凶险的时代，国家就必然灭亡。"

老子骑着青牛继续往西走，一天，来到函谷关，秦国函谷关守将尹喜，从小爱读诗书，很有学问，他早就听说老子是天下最有学问的人，他就派兵拦住老子，把老子带到旅店，要求老子把自己的学问全部写成书，否则，就不放老子走。

老子答应了，在函谷关写成一部书，一共五千字，称作《老子之书》，这部书，就是后来在全世界都很有影响的伟大著作《道德经》。

《道德经》是我们中国文字最美的著作之一，它是用诗歌体写成的哲学著作。它的句式整齐，押韵，朗朗上口，容易朗诵记忆。是我们汉语文字最伟大的作品，表现了我们汉语优美的节奏感和音乐感。

在《道德经》这部书中，老子提出我们中国哲学的基本概念"道"，老子要我们认识"道"就是自然的存在，也就是事情本来的样子和自然之性。要按照事物本来的样子成长,就达到了生命的最佳状态。

《道德经》是我们一生永远应该学习和领悟的伟大著作,它影响了我们中国几千年。

后来,老子和尹喜离开函谷关,

老子出关图,(清)黄慎绘

来到位于现在西安市南面的终南山悟道讲道,再后来,他去往哪里?无人知道。有人说他去了西域,也就是今天的新疆,说他活了一百多岁,也有人说,这些不一定是真实的,老子就老死在终南山中。

五、千古圣人

孩子们，在中国历史上，有几个人非常重要，是一定要记住的，一个是炎帝和黄帝，这是我们的祖先，如果记不住，就等于不知道自己的家在哪里。另外，就是老子和孔子，他们是我们中国文化的开创者，如果你不了解，就无法理解我们中国的文化，就无法领悟我们中国人的智慧，那就是一个没有智慧的人了。

老子是我们中华民族最伟大的人物之一，也是人类最伟大的人物之一，他的思想，永远是我们需要学习和研究的，他是千古圣人。

孔 子

一、伟人出世

孩子们，在两千五百多年前的春秋时代，我们中国一位伟大的人物出生了，他就是孔子。

孔子是商朝第一位国王商汤的后代，姓子。商汤的后代，在周朝推翻商朝之后，被封到宋国做国君。孔子的祖上是宋国的国君，孔子的祖宗也是宋国的贵族。

孔子往上第六代祖宗子嘉，字孔父，是宋国大司马，史书上称为孔父嘉。子嘉因为妻子长得特别漂亮，就被宋国的宰相子督看中了，子督杀了子嘉，抢走了子嘉美丽的妻子，子嘉的妻子自杀了。子嘉的儿子子木当时还是一个襁褓中的婴儿，被子嘉的家人抱着逃跑到鲁国，后来，子木长大了，就把父亲子嘉的字"孔"，作为自己的氏，此后，子木的后代，就都称为孔氏。

自从子木逃到鲁国，他们家就成为鲁国的武士，武士平时享受国家的俸（fèng）禄（lù），也就是国家给武士分发粮食和财产，并封给官职，打仗的时候，武士要为国家冲锋陷阵，上战场拼杀。在古代，一个男人能成为一名武士，那是非常光荣的，即使在战场上牺牲，也是一件非常荣耀的事情。

孔子的爸爸姓子，孔氏，名叫纥（hé），字叔梁，古书上都把他称为叔梁纥。在秦朝之前，男子一般用氏，不用姓，所以，孔子的爸爸就要叫做孔纥，或者孔叔梁。

孔纥是鲁国一位非常有名的武士，他力大无比，英勇善战，而且博学多才。他与鲁国名将狄虒（sī）弥、秦堇（jīn）父合称"鲁国三虎将"。

有一年，晋国军队带十六个诸侯国联军进攻楚国，孔子的爸爸孔纥所在的鲁国军队也参与联军。半道上，联军要首先攻占亲近楚国的逼阳国。联军包围逼阳城，但是逼阳国守城很严密，无法攻入城中。一天，鲁国大将秦堇父护送军粮来到城外，逼阳国军队冲出城来抢夺军粮，秦堇父带着鲁国将士，跟随逼阳国军队，攻入城中，这时候，逼阳国军队却搬动滑轮，要放下城门，想把冲进城的鲁国军队围困在城中消灭。危急时刻，只见孔子的爸爸孔纥大喝一声，冲向前去，用双手死死顶住城门，城里的将士才重新冲出城来。大家都说："孔纥就是《诗经》里说的'像老虎一样有力气'的人啊！"

孔纥是当时天下闻名的大英雄，他因为打仗有功被封为陬（zōu）邑（yì）大夫。

但是，孔纥却有一件很不如意的事情，就是他的妻子施氏，一共生了九个女儿，没有生下一个儿子，于是，孔纥就纳了一房妾，妾就是小老婆。这个妾生下了一个儿子，叫做孔孟皮，但是，孔孟皮的脚有残疾，是个瘸子，没法上战场打仗，也无法承担武士对于国家的责任，这让孔纥很烦恼，他发誓要生下一个健康的儿子，来继承他武士的爵位，继续为国家效力，于是，他就又娶了鲁国颜氏家族的小女儿颜徵（zhēng）在为妾。

颜徵在嫁给孔纥的时候，只有十六岁，是一位美丽的姑娘，但是，孔纥当时已经六十六岁了，两人年龄相差五十岁。那个时代，妾在家里，只是一个生育的工具，没有身份和地位，而且，一个年老

孔子圣迹图（局部），（明）仇英绘

的武士，纳一个太年轻的女人为妾，也是一件被别人笑话的事情。于是，孔纥就带着颜徵在住在尼丘山上。孔纥因为没有正式迎娶颜徵在进入孔家，所以，他们的关系，在史书上称作"野合"。几年后，颜徵在生下孔子。

孔子小的时候，长得很丑，他有七个地方很丑陋，一是"鼻陋"，两个鼻孔朝天；二是"嘴陋"，两颗门牙是大龅（bāo）牙；三是"眼陋"，两颗眼球突出；四是"耳陋"，两只耳朵朝外翻着。两个鼻孔，两个眼球，两个耳朵，再加上

牙齿，就有七个地方长得很丑陋，所以，古代的书上说孔子有"七陋"。

孔子的头顶凸凹不平，就像一个小山丘，所以，爸爸孔纥就给他取名叫做"丘"，又因为他出生在尼丘山，所以，他后来的字，叫做"尼"。因为孔子在家里排行老二，在古代，老二被叫做"仲"，所以，孔子的字叫做"仲尼"。

二、幼年学礼

孔丘三岁的时候，他的爸爸孔纥死了。孔纥临死的时候，一手拉着孔丘的妈妈颜徵在，一手拉着小孔丘，嘱咐颜徵在一定要把孔丘养育长大，而且叮嘱孔丘，一定要听妈妈的话，好好学习文化和武艺，将来报效国家，光宗耀祖。

年幼的孔丘点头答应爸爸。

一年后，孔丘和妈妈颜徵在、哥哥孟皮被施氏赶出家门，三个人搬到曲阜城外居住，妈妈靠织布纺线养活全家，孔丘和哥哥也去帮人放羊放牛。

但是，妈妈颜徵在始终没有忘记教育孔丘和孟皮读书识字。

妈妈每天都要教给孔丘和哥哥孟皮兄弟俩识字，第二天，都要认真检查。小孔丘晚上和哥哥睡在一起，他们俩都害怕记不住妈妈教的字，就钻在被窝里，互相在对方的肚皮上，把妈妈白天教的字，一个个写一遍。遇上不会写的字，就爬起来翻书，直到每个字都会写，才敢入睡。

第二天，妈妈检查的时候，孔丘每个字都能写出来，妈妈很高兴，说："这孩子真是神了，将来一定能干成大事！"

孔丘五岁的时候，除了对妈妈教的字很认真地学习，而且，他还对大人举行的礼仪非常感兴趣。

礼仪就是人们表达对大自然和祖先的崇拜，表达对别人敬爱的各种动作。就像我们今天人和人见面，相互握手问候一样，只不过，那个时代的礼仪，叫做周礼，比我们现在的礼节复杂得多，敬天、敬地、敬父母、拜见国君、拜见长者、朋友之间相见，都有不同的礼仪。

人们为什么要学习礼仪呢？那是因为如果一个人不懂

得礼仪,行为动作就会很粗野,内心深处对大自然和祖先就会不尊敬,也没有办法表达对别人的敬意,就会引起混乱。孔丘后来说:"一个人本来内心恭敬,但是他的行为不符合礼仪,就会引起误会和混乱;一个人内心谨慎,但是行为不符合礼仪,就会慌乱畏缩;一个人勇敢但是行为不符合礼仪,就会干出违法乱纪的事情;一个直率的人不懂得礼仪,就会说话尖刻,伤害别人。"人有了礼仪,才能互相尊敬,和平共处,礼仪是建立和谐的基础,也是国家稳定的基础。

但是,那个时代,由于战争不断,许多国家都不太重视礼仪,只重视军事和打仗,这就叫做"礼崩乐坏"。

小小的孔丘对礼仪非常感兴趣,他非常喜欢观看大人们举行的各种礼仪活动,而且还记在心里。每次,别的孩子要和他玩耍,他就要别的孩子和他一起,模仿大人们举行各种礼仪,有时候,他把路边的石头瓦块拿来,作为举行礼仪的器具,认真地磕头,跪拜。孔丘的举动,让很多人好奇,他们都夸:"孔丘小小年纪,就知道学习礼仪,真是不简单呀!"

七岁的时候，妈妈把孔丘送到乡里的学校学习，那时候，学校教给孩子们六种本领，称为"六艺"，指的是礼仪、音乐、射箭、驾车、书写和数理。由于孔丘天资聪颖，而且学习刻苦认真，他经常成为老师和同学表扬的对象。

孔丘十五岁的时候，他立下志向，要成为一个有品德有学问的人，用一生去学习人类的智慧和真理。他常常被鲁国人称赞。大夫孟釐（jué）读过孔丘写的文章，见识过孔丘参加礼仪活动，就告诉他的儿子孟孙和南宫敬叔说："孔丘年龄虽小却懂得礼仪，他是圣人的后代，我死后，你们一定要去拜他为师啊！"后来，孟孙和南宫敬叔都拜孔丘为师了。

三、孝顺母亲

孔丘二十岁的时候，他的妈妈颜徵在去世了，孔丘非常悲伤，他按照礼仪给妈妈举行丧礼。

在孔丘之前，人们只要求对爸爸尽孝，而孔丘却要求人人都要孝敬妈妈，给妈妈尽孝，即使孔丘的妈妈是一个妾，在家里地位非常低下，他也对妈妈非常孝敬。孔丘给全天下人树立了榜样，从此，孩子们除了要孝敬爸爸，也必须孝敬妈妈。

孔丘说："每一个人，都必须对父母孝敬，孝敬父母的人，才能爱别人，才能爱国家。人人孝敬父母。爱别人，天下人才能和谐相处，社会才能安定和平。"

孔丘对妈妈不光是供给吃穿，而且非常听话尊敬。他说："如果孝敬父母仅仅给父母吃穿，那就像养狗养马一样，人对父母还必须做到尊敬，如果不尊敬，父母即使顿顿吃肉喝酒，心里也会哀伤。对父母，一定要内心敬爱，态度兼和，行动恭敬。"

妈妈在世的时候，孔丘从来不会远离，他说："父母在，不远游，游必有方。"意思是说，年迈的父母在家，孩子就不能到遥远的地方去，如果非去不可，也一定要把父母的生活安排好，而且要让父母知道你去了哪里。

孔丘的妈妈一生很辛苦，靠织布纺线来养活孔丘，她四十多岁就因为劳累得病了。孔丘时刻都记着妈妈的年龄，一会儿感到高兴，一会儿感到悲伤，高兴的是妈妈一年一年坚持活下来了，悲伤的是妈妈年龄大了，就可能身体越来越差，甚至死去。孔丘的妈妈只活了四十八岁，这让孔丘非常伤心，他哭着说："树欲静而风不止，子欲孝而亲不待！"他意思是说："狂风吹得大树摇摆不定，可是当大树想静下来的时候，风却还在吹。父母养育孩子辛苦一生，可是，当孩子想孝敬父母的时候，父母却不能等待而去世了。"孔丘的话，让人觉得多么悲伤呀！

当孔丘的妈妈颜徵在去世之后，孔丘在妈妈的坟前，搭建了一个茅草棚，他在里面住了三年，天天跪在妈妈坟前，悼念妈妈。他说："子生三年，然后免于父母之怀。夫三年之丧，天下之通丧也。"他的意思是说："一个孩子生下来三年，才能离开父母的怀抱，所以，为父母守丧三年，是天下人都必须遵守的。"

四、学习音乐

孔丘二十多岁的时候，已经长成一位身材高大，身体敏捷的青年，他的身高将近2米，人们都把他称作"长人"。他精通驾车、射箭,身材矫健雄伟,成为一位风度翩翩的青年。再加上他博学多才,精通礼仪,一时间,成为四方闻名受人尊敬的人,人们把他称为"孔子"。

孔子青年时代,非常喜爱学习音乐,他认为高雅的音乐能帮助人建立完美的人格。孔子曾向鲁国著名的琴师师襄学琴。有一次,师襄教给他一首曲子,孔子每天练习弹奏,弹了十几天,都在不断重复演奏,师襄说:"可以增加新的学习内容了。"孔子说:"我只是熟悉了这首乐曲的演奏形式,但是还没有掌握技巧。"孔子每天又重复演奏,琢磨。师襄说:"你已经学会弹奏的技巧了,可以增加新的学习内容了。"孔子说:"我还没有领会曲子表达的意境。"再过一段时间,师襄子说:"你已经领会了曲子的意境了,可以增加新的学习内容。"孔子说:"我还没有通过曲子领悟到它的作者。"有一天,孔子演奏的时候,神情庄严,若有所思,他一会儿远望,一会儿凝思,仿佛进入到新的境界,孔子突然说:"我知道这首曲子的作者是谁了,这个人皮肤深黑,身材高大,眼光明亮注视远方,像个统治四方诸侯的王者,若不是周文王还有谁能谱写出这首乐曲呢?"师襄听完,大吃一惊,回答说:"孔子真是了不起,竟然通过乐曲能感受到作者,这首曲子就叫做《文王操》啊!他就是周文王谱写的。"

孔子常说:"学习文化和本领,经常复习运用,这是人生最快乐的事情呀!"

孔子向师襄学习演奏琴瑟,向老子学习周礼,向郯(tán)子学习官制,向苌(cháng)弘(hóng)学习音乐。孔子一生都是爱学习的人,他一生学习,从来不觉得厌烦。

五、问礼老子

孔子虽然是天下有名的学者,但是,他依然在孜孜不倦地学习,他说:"三人行,必有我师焉;择其善者而从之,其不善者而改之。"他的意思是说,有几个人一起行走,其中必有我的老师,看到别人好的地方我就学习,看到别人的缺点,我就对照检查我自己,如果有,就加以改正。孔子不断寻找有智慧的人,去拜师学习。

孔子二十五岁的时候,他听说周朝国都洛阳有一位天下闻名的大学者老子，他就带着他的学生南宫敬叔到洛阳去向老子请教，鲁国的国君很支持孔子的想法，于是，孔子就和南宫敬叔一起，带着书童，赶着马车，千里迢迢到洛阳去了，他们一路跋山涉水，历尽千辛万苦，最终到达洛阳。

老子名叫李耳，在洛阳做周朝的图书馆馆长，他精通天地宇宙的真理，也懂得人间的智慧，孔子早就对老子非常敬仰。

孔子拜见老子，老子此时已经五十多岁，他望着这位身材高大的年轻人，很是欢喜。但是，又看见孔子身上那股风发的意气，和耿介的脾气，觉得很是担忧。他在回答了孔子请教的许多周礼的细节问题之后，就语重心长地对孔子说："我送给你几句忠言吧，一个人自以为聪明，好议论别人的短处，以为自己的认识深刻，这种人也就接近于死亡了。真正聪明的人是不多言善辩的，因为他懂得多言善辩会惹来灾祸。一个人自以为知识渊博，总是喜爱揭露别人的隐私或错误，这种人已经处境危险了。真正有钱财的人表面看来总像贫穷一样，真正聪明的人表面看来好像愚笨一样，真正有道德的君子也总是看起来像是傻傻的。希望你去掉身上的骄气和爱自我表现的毛病，而学习水的美德，水对万物都提供滋养，但是从来不与人争功，这就叫做'上善若水'呀！"

孔子深深感激老子的衷告，他对南宫敬叔说："老子是我真正的老师呀。"

六、收徒办学

孔子回到鲁国，他的名气已经很大了，许多地方的人都听说孔子很有学问，就有许多人来拜师学艺，于是，孔子就开班办学。

在那个年代，只有有身份的贵族才能上学，但是，孔子主张"有教无类"，就是只要是愿意跟随他学习的，不管什么人，他都接收。孔子的弟子来自各个国家，有贵族，也有平民；有富人，也有穷人；有来自中原国家的，也有来自"蛮夷之邦"的。这就是孔子的教育主张，孔子说："所有的人，生性都是好的，只要加以教育，都能成为人才。"

孔子讲学图,选自(清)黎明绘《仿金廷标孝经图》

  孔子教他的学生文学、品行、忠心和信用,用这四门功课来提高学生的品德,他也教学生《诗经》、《尚书》、音乐和礼仪,用这四门功课来提高学生的文化,他还教给学生驾车和射箭的本领,来锻炼学生的体质和技能。

  孔子根据每个学生的特点来教给学生本领,这就叫"因材施教",而且一再反复,直到学生学会为止。孔子给学生讲课,解答学生的疑问,非常认真,从来不知道疲倦，大家都说孔子是"诲人不倦"呀！

孔子说："学习一定要经常复习旧的知识，理解新的知识，这就叫'温故而知新'"；"学习一定要学会思考，不能左耳朵进，右耳朵出。光学习不思考，人就会被表面的知识蒙蔽住，光思考不学习，就会因为疑问很多而更加迷茫。要边学习、边思考，思考中发现不理解的问题，就要去学习请教；学习中获得的知识，要思考这些知识是否正确，要到生活中去应用验证"。这就叫"学而不思则罔，思而不学则殆。"

在孔子门下，有学生三千多人，这是当时世界上最大的私人学校。孔子也培养出了许多很有学问的人，这些人都具有不同的才能。孔子是我国古代第一个伟大的教育家。

七、当官从政

孔子一生的理想，就是把自己的才能和智慧，贡献给国家，他想通过做官从政来实现自己的理想。

但是，到了孔子时期，鲁国已经非常混乱了，有三个贵族家族孟氏、叔孙氏、季氏控制着鲁国，因为这三个家族是鲁桓公姬允的儿子姬庆、姬牙、姬友的后代，所以被人们叫做"三桓"。三

孔子圣迹图（局部），（明）仇英绘

桓拥有自己的军队，他们架空了国君，轮流执政。

二十多岁的时候，孔子第一次做官，他在执政的季氏家族当了一名仓库管理员，但是他看不惯季氏破坏周礼——举行祭祀时使用八佾（yì）舞。八佾舞是周王才能使用的祭祀舞蹈，但是，季氏却在自己家中使用，孔子认为，季孙氏破坏周礼，他无法忍受。孔子大声说："是可忍，孰（shú）不可忍"。意思是说，你们平时干的那些坏事我还可以忍受，但是，像跳八佾舞这样严重破坏周礼的行

为，我不能忍受了。于是，孔子就辞了官职。

此后，鲁国发生了动乱，鲁昭公姬裯（chóu）带兵攻打三桓，但是却被三桓打败了，姬裯只好逃到齐国去了。孔子非常牵挂国君，于是，他也来到齐国。过去，齐景公姜杵（chǔ）臼（jiù）曾来鲁国访问，他听说孔子很有学问，就召见孔子，而且很赞同孔子的主张，所以，这次孔子一来到齐国，齐景公就想重用他，孔子在拜见齐景公的时候，提出了他著名的治国思想："君君，臣臣，父父，子子"，意思是说做国君的要像君的样子，做臣子的要像臣的样子，做父亲的要像父亲的样子，做儿子的要像儿子的样子。国君要庄严，父亲要慈爱，臣子要忠心，儿子要孝敬。孔子认为这样就能让国家和谐，有秩序。齐景公说："说得好呀，如果不这样，即使有粮食，我也吃不上呀！"

齐景公很赏识孔子，但是大臣晏（yàn）婴（yīng）等人反对，孔子的主张无法实施。但是，孔子这时候在齐国听到了已经失传的宫廷祭祀音乐"韶乐"，使他"三月不知肉味"。孔子对韶乐非常痴迷，他每天心中回响着韶乐的旋律，嘴里吃着好吃的，也感觉不出味道来。后来，齐国大臣诬陷孔子是鲁国季孙氏的间谍，并且要杀害他，孔子只好逃离齐国。

此后，孔子又几次做官，几次失败，到他51岁的时候，终于做了中都这个地方的长官，叫"中都宰"，52岁升任鲁国主管工程的小司空，53岁提拔为主管司法的大司寇，55岁时代理宰相一职，孔子治国的才能这时候得到了发挥，鲁国开始出现了新的气象。

这时候，鲁昭公姬裯已经死在晋国，他的弟弟姬宋当了国君，就是鲁定公。

这时候，齐国国君齐景公姜杵臼提出，要和鲁国国君鲁定公姬宋，在两国边境夹谷这个地方，举行一次会晤，齐国想趁着会晤，要挟鲁国，甚至绑架鲁定公为人质。

鲁国过去一直比较弱小，突然受到强大齐国的邀请，就非常高兴。鲁定公决定带少量的几个人前去，孔子说："有文事者必有武备，有武事者必有文备。"就是说办文事的时候一定要有武力准备，办武事的时候也一定要有文官随行。孔子劝鲁定公姬宋一定要带着军队，做好准备。

果然不出孔子所料，在夹谷会盟的时候，齐国就演奏低俗的音乐，还让许多野蛮人带着武器来表演，想趁机绑架鲁定公。但是，都被孔子识破，并且制止了。孔子斥责齐景公不懂得礼仪，齐景公也觉得做得不对，孔子要求齐国归还过去占领鲁国的土地，齐国只好答应了。在这次夹谷会盟中，孔子的英雄胆识和智慧，为鲁国赢得了这次外交活动的胜利。

孔子看着三桓控制国家，而且三桓之间互相争斗，三桓手下的家臣也拥有自己的军队，而且还不断造反，给国家造成混乱，给人民带来灾难，孔子就主张消灭三桓势力，让鲁国重新统一。他就提出要拆毁三桓建立的高大的城池，但是，最后由于三桓势力过于强大，就失败了。这就叫"堕三都"。

孔子把鲁国治理得越来越好，齐国人觉得，如果鲁国强大了，会威胁到齐国，于是，齐国给鲁国国君送来许多美女和好马，鲁国国君鲁定公姬宋迷恋美女，好几天都不理朝政，孔子失望极了，他的脾气耿直，不愿意和这些只知道吃喝玩乐的人一起共事，于是他就辞职了。

八、周游列国

孔子的理想在鲁国无法实现,他就决定带着他的几个学生,到其他国家去,他这次出行一共14年,从55岁开始,一直到68岁回到鲁国,一共走了十几个国家。这在历史上叫做"周游列国"。

孔子周游列国,一路遇上很多困难,他们在匡地被误认为是曾经攻打匡地的阳虎,被匡人包围起来,匡人要抓孔子,孔子的学生们都很害怕,孔子安慰他们说:"不用害怕,老天爷不会让传播文化的人遭殃。"他的学生子路弹着宝剑高声歌唱,孔子也弹着琴应和,曲调很悲伤。正巧,这时候突然刮起狂风,地上飞沙走石,许多匡人被刮倒了。匡人害怕,于是就逃走了。

在宋国的时候,宋国大夫桓魋(tuí)为自己造了一口用石头做的棺材,花了三年时间还没造成。孔子说:"这样浪费国家的财产和人民的劳动力,这个桓魋还不如早点死了好!"这话传到了桓魋的耳朵里,桓魋非常恨孔子,就想赶走孔子。一天,孔子和学生们正在一棵大树下学习,桓魋派人把大树砍倒，还想杀害孔子，孔子只好离开了。

孔子到了郑国，有一次和学生们走散了，他独自一人站在东城门外，有人说他像条"丧家之狗"。当学生把这话告诉了孔子，他笑着说："说我像丧家之狗，真是太对了！太对了！"孔子说："我做的事情，就是要告诉天下人，要仁爱治国，就是要爱惜每一个人。我自己明明知道做不到，但是，我也要做下去。"

孔子要去卫国，从蒲这个地方路过，正好遇上公孙氏在这里发动叛乱。公孙氏害怕孔子暴露他的叛乱计划，就围困住孔子。孔子的弟子公良孺带人誓死奋战，迫使蒲人妥协，放了孔子。

孔子也曾去过蔡国。在蔡国住了三年，这时候楚国派人来请孔子。蔡国的大臣们害怕孔子一旦被楚国重用，就对蔡国不利。他们派人围困孔子，孔子和学生们没有饭吃，许多人饿得卧倒在地爬不起来。孔子这时候为了安慰大家，他不断弹琴、歌唱，鼓舞大家。后来楚国派兵迎接孔子，孔子才和学生们脱离了危险。

周游14年，孔子始终没有找到他实现理想的地方。许多人劝孔子放弃理想，他们说："天下这么混乱，您应该隐居起来，不要再到处乱跑了，非常危险啊！"但是，孔子始终都没有放弃自己的理想，孔子说："如果天下太平，也就用不着费力气去改造它了，一个人生命的意义，就是为了天下太平而奋斗。"

孔子67岁的时候，已经是一位年老体衰的老人了，他只好从卫国返回鲁国，结束了长达14年的流浪生活。

九、文化伟人

孔子老年回到故居，开始一心教育学生，研究文化，整理编辑文化著作。这时候，孔子完成了对《诗经》《尚书》《礼经》《易经》等文化巨著的修订，并且，写出了《春秋》《易传》等伟大著作。孔子整理的古籍一方面用来作学生的教材，另一方面也体现了他的哲学思想和政治主张。孔子的著作，奠定了我们中国文化的根基，影响我们国家两千多年，他是我们中华民族在文化上贡献最大的伟人，他的功绩令我们中国人祖祖辈辈敬仰，也令全世界的人敬仰。

孔子73岁的时候,已是一位年逾古稀的老人,他最心爱的学生颜渊、子路都一个个死了,孔子觉得非常伤心,他病倒了。一天,他的学生端木赐前来看他,他正拄着拐杖站在门前,孔子哭着说:"端木赐呀,你怎么来得这么晚呀!泰山就要倒了,房子的柱子就要断了!有思想的哲人很快也要死了!"

颜渊,选自《清刻历代画像传》

孔子和端木赐都痛哭失声,7天后,伟大的孔子与世长辞了。

孔子一生的最高理想,就是建立"大同世界",在"大同世界"里,天下的人,不仅仅爱自己的家人,也爱天下每一个人。老年人有人养,壮年人都能发挥自己的才能,孩子们都能得到温暖与关怀,孤独的人与残疾人都有依靠，男人有自己的事业，女人有满意的归宿。天下没有欺诈，没有盗贼，路不拾遗，夜不闭户，人人讲诚信，选贤举能。孔子说："大道之行也，天下为公。"

　　孔子的理想，是我们人类的最高理想，我们祖祖辈辈奋斗，去实现它！

晏　子

一、天生奇才

孩子们，今天我们要讲的历史名人叫做晏子。晏子姓子，晏氏，名叫婴，字仲，他死后谥号为"平"，所以史书上都把他称作晏平仲，"晏子"是人们对他的尊称。

晏婴天生长得很难看，他身材矮小，面貌很丑，但是他很爱学习，从小就认真学习前人的著作和思想，积累了大量的智慧，等他稍微长大些，就成为齐国众人皆知的有学问的人了，他不但有学问，而且思维敏捷，能言善辩。晏婴的爸爸叫做晏弱，是齐国的上大夫。爸爸晏弱死后，晏婴继承爸爸，做了齐国的上大夫。

二、坚持原则

齐庄公吕光因为和大臣崔杼（zhù）的女人东郭姜私会，被崔杼派人杀死。晏子听说国君遇害，就不顾个人安危，带着随从前往吊唁。

晏子来到崔杼家门前，他手下的人很担心，就问他："您如果进去，就会被杀，难道您要和国君一起死吗？"

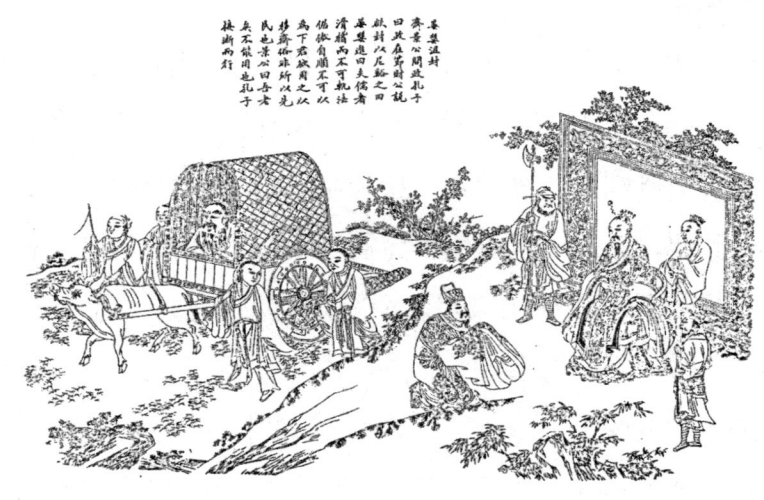

晏婴沮封

晏子说："一个国君如果为国家而死，臣下就应该为他去死；如果国君只是为自己的私欲而死，谁愿意为他而死呢？我今天面对国君因为私欲而被杀，所以不能跟随他去死，但是，国君死了，我必须去祭奠他。"

晏子说完，就走进崔杼家，脱掉帽子，捶胸顿足，不顾一切地扑在齐庄公的尸体上，号啕大哭了一场，然后起身离去。崔杼手下的武士想杀掉他，崔杼也对正直的晏子怀恨在心，但是，因为晏子在人民中威信很高，所以，崔杼不敢动手。

此后，崔杼和另一个大臣庆封一起，立齐景公吕杵臼做了国君，他们两人分别做了左丞相和右丞相。崔杼和庆封为了巩固自己的权势，他们把满朝文武大臣都驱赶到太公庙里，派上千名士兵看守，逼着大家宣誓服从他们，说："谁不听从崔杼和庆封的命令，谁就别想活。"有几个大臣不服，就被当场杀死了，许多人都吓坏了，表示听从崔杼和庆封的命令。

轮到晏子表态了，晏子大声说："我做不到，我只服从忠君利国的人！崔杼杀死国君，罪大恶极，凡是帮着干坏事的人，都不得好死！"晏子说完，愤怒地看着崔杼。

庆封恼羞成怒，恶狠狠地用剑顶着晏子的胸膛，要他重新发誓。晏子毫不畏惧，说："不管你是用刀砍头，还是用剑刺胸，我晏婴决不屈服！"

庆封气得发疯，他拿起剑就要砍死晏子。这时，崔杼说："他是忠臣，放过他吧。"

最后，崔杼和庆封对晏子没有办法，只好放过晏子和其他大臣，气呼呼地走了。

三、勤俭质朴

齐景公吕杵臼执政第二年，左丞相庆封和右丞相崔杼发生争斗，庆封杀了崔杼家族，崔杼自杀身亡。后来，齐国几个大家族一起杀死庆封的儿子，庆封逃到鲁国去了。

齐景公吕杵臼认为晏子当年没有投靠崔杼和庆封，很有骨气，就把邶（bèi）殿这座城市和它沿边六十个城镇奖给晏子。但是，晏子却拒绝接受。

大夫高子尾问晏子说："每个人都想富有，唯独你不想，这是为什么呢？"

晏子回答说："过去庆封当丞相的时候，拥有许多城镇，满足了他的欲望，他因此就穷奢极欲，骄傲跋扈，最后落得儿子被杀自己逃亡的下场。如果邶殿给我，我的欲望就满足了，就会变得奢侈，不知道节约，离逃亡的日子就不远了。如果逃亡在外，我连一个城镇也不能主宰，还不如我今天不接受它。我不接受邶殿，不是厌恶富有，而是恐怕失掉富有。每个人都想生活富裕，而且贪得无厌，因此就要用道德来加以限制，让它不要过分，这就叫做限制私利。"

齐景公吕杵臼见晏子整日为国家操劳，功劳很大，他就想给晏子换一院好的房子。

吕杵臼对晏子说："您的住房靠近市场，低矮潮湿狭小，而且非常嘈闹，尘土飞扬，不能再住了，我请你换一院地势较高，干净清爽的院子。"

晏子推辞说："我的祖先就住在我现在住的地方，他们都对国家做出了贡献，我的功劳赶不上他们，住在这里已经算奢侈了。我住的地方靠近市场，早晚可以买到我所要的东西,这对我来说非常方便,怎么可以麻烦您给我换房子呢?"

吕杵臼笑着说:"您靠近市场,知道市场上商品价格的高低吗?"

晏子回答说:"我既然住在市场旁边,怎么会不知道呢?"

吕杵臼问:"市场上什么东西最贵?什么东西最便宜?"

晏子回答说:"假腿最贵,鞋子最便宜。"

在崔杼和庆封执政的时候,对百姓实行严酷的法令,动不动就砍断犯人的腿。所以,市场上买假腿的人很多,鞋子却卖不出去。

吕杵臼知道,晏子是告诉他,应该实行爱护百姓的仁政。于是,齐景公就下令减少严刑。

晏子时时处处想着百姓利益和国家形象,受到人民的歌颂。

过了几天,晏子出使晋国,齐景公利用晏子不在的时候,把他周围的邻居都赶走,给他盖起了新房,圈起了大院,并且让晏子的夫人和孩子搬到新房里。但是,晏子回来后,就亲自动手拆了新房,并且重新修建邻居的房屋,都像原来的一样,随即让原来的住户都搬回来。

晏子对邻居说:"俗话讲:'不选择房子,只选择邻居。'我的邻居都和我关系很好,我舍不得他们离开,君子不做损人利己的事。"

晏子对待周围的邻居都很好,从来不仗势欺人,所以,他很受邻居尊敬。

齐景公想把自己的女儿嫁给晏子,作为对晏子的奖赏。有一天,齐景公来到晏子家中,看见晏子的妻子,问:"这是你的夫人吗?"

晏子回答:"对,她是。"

齐景公说:"你夫人又老又丑,我有个女儿年轻又漂亮,可以嫁给你,为你生儿育女。"

晏子说:"我的夫人如今确实又老又丑,但是她年轻的时候也很漂亮,我们在一起几十年了。是在她年龄幼小的时候嫁给我这年龄大的,漂亮的嫁给我这丑陋的。她曾经把终身托付给我,而我也接受了她的托付。虽然君王您想给我恩赐，但我不能因此背弃妻子的托付。"

齐景公为晏子的忠诚感动，再不强迫晏子了。

四、爱护人民

晏婴是一个很有道德的人，他主张国家要爱护人民。

有一次，晏子出使晋国，晋国上大夫羊舌叔向请教他，管理国家什么事情最重要。

晏子说："意莫高于爱民，行莫厚于乐民"。意思是说，管理国家没有比爱护人民更高明的想法，没有比让老百姓快乐更好的做法了。一个国家如果不知道爱护人民，就只能自取灭亡。

晏子平时辅佐国君治理国家，帮助人民耕种生产，遇到灾荒，国君不愿意发放粮食来救灾，晏子就将自家的粮食分给灾民，然后去劝国君发放粮食，救济百姓，所以老百姓都很爱戴他。

晏子说："管理国家就要秉公无私，爱护每一个百姓。"

有一次,齐景公吕杵臼有一匹心爱的马突然死了,齐景公非常生气,就下令把养马的人抓来杀了,而且还要把尸体砍成许多块。这时候,晏子正好在场,他赶忙上来制止,他问齐景公:"杀人总得有个方法,请问国君,古代圣明的尧帝和舜帝砍人的时候,是从身体的什么地方开始砍?"

因为尧帝和舜帝都是古代爱护百姓的国君,他们才不会随便杀人,自然也没有杀人的方法,齐景公明白了晏子的意思,就说:"那就不要砍成许多块了,把他送到监狱处死。"

晏婴又说:"这个人的确该死,但是他还不知道自己犯了什么罪,让我说说他的罪状,让他死个明白,您说好吗?"

齐景公说:"好啊,那你就说吧!"

晏子对着养马人说:"你犯了三条大罪:国君让你养马你却把马养死,这是一大死罪;这匹马又是国君最喜欢的,这是第二大死罪;因为你养死了马又让国君杀了你,百姓听说之后一定会骂国君只知道爱马,不知道爱护人民,其他诸侯国的人听说之后一定瞧不起我们国家。你养死了国君的马,让老百姓骂国君,让邻国瞧不起我们,这是第三大死罪。今天把你送到监狱,你知罪吗?"

齐景公听了晏子的话,知道晏子是说他爱马而不知道爱护人民,就会让人民不满,让其他国家瞧不起,他叹息一声说:"把他放了吧!不要因为杀他伤害了我爱护百姓的美名。"

齐景公又走到晏子面前,拱手说:"若不是您的开导,我险些犯了大错误呀!"

晏子很懂得说话的艺术和人的心理,他每次劝国君不要做错事,都采取旁敲侧击的办法,既不顶撞国君,保持国君的威严,又不失自己作为臣子的身份,还要达到自己规劝国君的目的。后来,晏子还采用同样的方法,救下了一个叫做烛(zhú)邹(zōu)的养鸟人。

五、晏子使楚

晏子作为外交使臣,要到楚国去,楚灵王熊虔(qián)

是个傲慢顽皮的人,他知道晏子的身材矮小,就命令手下在宫门的大门旁边挖了个小洞,想羞辱晏子。

晏子到了大门前,楚国大夫请晏子从小洞中进去。晏子笑着说:"如果我是出使狗国,才应该钻狗洞,我现在是出使楚国,不应该走狗洞。"招待晏子的楚国官员只好请晏子从大门进去。

晏子去见楚灵王熊虔。熊虔故意问:"齐国没有人可派吗?竟然派你这样一个长相难看的人做使臣。"

晏子回答说:"齐之临淄三百闾(lú),张袂(mei)成阴,挥汗成雨,比肩继踵(zhǒng)而在,何为无人?"他的意思是说,齐国首都临淄住满了人,人们把袖子举起来,可以遮住太阳;每人甩一把汗,就是一阵雨;街上行人肩膀擦着肩膀,脚尖碰着脚跟。怎么说齐国没有人呢?"张袂成阴""挥汗成雨""比肩继踵"这三个成语都来自晏子的这段话,都用来比喻人口众多。

楚王接着问:"既然如此,为什么派你出访我们国家呢?"

晏子答:"我们齐国派使节出访很有讲究,派那些精明能干的人,出使道德高尚的国家;派那些愚蠢无能的人,出使不好的国家。我是使臣中最愚蠢、最无能的人,所以就派我出使楚国来了。"

熊虔本来是想奚落晏子,没想到倒被晏子奚落一番,楚国君臣面面相觑,半天说不出话来。

楚王熊虔因为受了晏子的奚落,心里很不舒服,他就对身边的大臣说:"晏婴是齐国最能言善辩的人,我还想羞辱他,用什么办法好呢?"

一个大臣说:"他来和大王会谈的时候,大王请允许我们绑着一个人从大王面前走过。大王就问:'他是哪里人?'我就回答:'他是齐国人。'大王接着再问:'他犯了什么罪?'我就回答:'他犯了偷窃罪。'"楚王觉得这个办法可以羞辱齐国,是一条妙计。

有一天,楚王请晏子喝酒,喝得正高兴的时候,两名官吏绑着一个人来到楚王面前。

楚王问:"绑着的是什么人?"

官吏回答说:"他是齐国人,犯了偷窃罪。"

楚王看着晏子问道:"齐国人本来就喜欢做贼吗?"

晏子离开座位回答道:"我听说淮南的柑橘,又大又甜,种到淮北,就只能结又小又苦的枳(zhǐ)子,叶子相似,果实味道却完全不同,还不是因为水土不同吗?同样道理,齐国人在齐国安居乐业,好好地劳动,一到楚国,就做起盗贼来了,莫非楚国的水土使百姓喜欢做贼吗?"

楚王笑着说:"圣人不是能随便开玩笑的,我反而自讨没趣了。"

晏子靠自己的聪明才智和能言善辩,维护了自己和国家的尊严,使企图羞辱他和齐国的楚国国王既无可奈何,又内心佩服。

六、二桃杀三士

齐景公帐下有三员大将,叫做公孙接、田开疆和古冶子,这三个人都很善于打仗,而且都手握兵权,他们因为功劳很大,所以看不起其他大臣,非常骄傲。齐景公觉得他们迟早要起来造反,给国家带来动乱,他就找晏子来商议。晏子建议,采用离间他们的办法,让他们互相残杀,消除祸患。

一天,齐景公把三位勇士请来,他拿出两颗桃子,说:"我要把桃子赏给你们,可惜你们三个人,我只有两个桃子,没有办法每人分一个。"

晏子说:"可以请三位武将比比功劳,功劳大的就可以取一颗桃。"

公孙接与田开疆都先说出自己的功绩,每人拿了一个桃子。这时,古冶子认为自己功劳更大,气得拔剑指向公孙接和田开疆。而公孙接与田开疆听到古冶子说出自己的功劳后,也自愧不如,就将桃子让出来,两个人都说功劳不如人却冒失地拿了桃子,很是惭愧。说完两个人就自杀了。古冶子觉得因为一个桃子让别人自杀,很是羞愧,也拔剑自杀了。就这样,只靠两颗桃子,就除去了有可能危害国家的三位武将。

三位武将死后,晋国和燕国认为齐国再也没有猛将可以抵抗他们,就来袭击齐国。齐景公见没有大将带兵,很是着急,就找晏子商议。

晏子说:"田穰(ráng)苴(jū)可以带兵作战。"

齐景公说:"不行,田穰苴不是田家正房妻子所生,身份不正,不能领兵。"

晏子说:"田穰苴虽然是田家妾生的孩子,但是他的才能使大家佩服顺从,谋略能使敌人害怕。希望君王能试试他。"

于是,齐景公召见了田穰苴,和他共同议论军国大事,田穰苴很有才华,齐景公非常高兴,立即任命他做了将军。

穰苴斩监,
选自(清)马骀绘《历代名将画谱》

后来,田穰苴杀了违反军纪的监军庄贾,严格治军,并且打败晋国和燕国,收复了被他们占领的土地。田穰苴是中国历史上一位杰出的军事家,他之所以能被重用,都是晏子能够识别人才的功劳。

七、华而不实

有一天，齐景公对晏子说："东海之中，有水而赤，其中有枣，华而不实，何也？"他的意思是说，东海里边，有红色的水流，在这红色水流里边，有枣树，只开花，不结果，是什么原因？"华而不实"这个成语，就出自这里，比喻有些东西外表好看，内容空虚；也指表面上很有学问，实际却大脑空空的人。

晏子回答："从前，秦穆公乘龙船巡视天下，用黄布包裹着蒸枣。龙舟游到东海，秦穆公抛弃裹枣的布，那布上沾染的枣泥染红了海水，所以海水是红色的。又因枣被蒸过，所以种植后只开花，不结果。"

景公不满意地说："我故意问你虚假的问题，你为什么用更荒唐的答案回答我？"

晏子说："我听说，对于提出假问题的人，也可以用荒唐的话回答他。"

八、挂牛头卖马肉

齐灵公吕环时期,晏子继续做宰相,辅佐吕环。

吕环喜欢看女人穿男人的衣服,齐国女人于是都穿男装。后来,吕环见全国女人穿着男装,既分辨不清性别,也不好看,他就想禁止这种行为。他下了一道命令说:"如果谁家女人穿男子的衣服,就当场割断她的衣带,还要把她的衣服撕烂。"

于是,官员们都跑到街上,看见女人穿男装,就跑上去撕衣服,割衣带。但是,依然还有女人穿着男装。

吕环很奇怪,就问晏子说:"我派官员禁止女人穿男装,为什么禁止不住呢?"

晏子回答说:"君王您不禁止您王宫里的女人穿男装,只禁止宫外的女人。这就像在店铺的门上挂着牛头而在店铺里卖马肉一样呀。君王如果禁止王宫里的女人穿男装,那么宫外的女人也就不敢了。"

吕环说:"好。"他就让宫内的人不再穿男装,过了一个月,齐国再没有女人穿男装了。

这个故事后来成为成语"挂羊头卖狗肉",比喻用好的名义做招牌,实际上出售不好的货物。

九、名留青史

晏子是中国历史上一位伟大的政治家、外交家,他一生辅佐齐国三代国君,功勋卓著,他的故事很多,我们今天只讲了其中很少的一部分。

晏子在78岁的时候去世了。晏子死的时候,齐景公正在外地游玩,他听说晏子死了,就火速赶到晏子家中,放声大哭,群臣无不失声痛哭。晏婴死后多年,齐景公还不时地叨念说:"再没有人能像晏婴那样经常批评我的过失了。"